Menno Metselaar e Piet van Ledden

casa de **anne frank**

Tudo sobre Anne

Ilustrações
Huck Scarry

Tradução
Yaemi Natumi e Karolien van Eck,
NLTranslations.com

Companhia das Letrinhas

Anne com suas amigas no dia
do seu décimo aniversário,
em 12 de junho de 1939.

"Viva a aniversariante..."

12 • 06 • 1939

É o aniversário de Anne Frank! Ela fez dez anos e convidou oito amigas para festejar o seu dia. Felizes, elas posam para a foto: Lucie van Dijk, Anne, Sanne Ledermann, Hannah Goslar, Juultje Ketellapper, Kitty Egyedi, Mary Bos, Ietje Swillens e Martha van den Berg. É 12 de junho de 1939, um dia ensolarado em Amsterdam.

Sanne e Hannah são as melhores amigas de Anne. Elas se conheceram ainda pequenininhas. Quando as três andam juntas pela rua, as pessoas dizem: "Olhem ali: Anne, Hanne e Sanne!". Hannah e Sanne são da Alemanha e nasceram em Berlim. Anne também é alemã, mas nasceu em Frankfurt am Main.

Todas ganharam bolo e limonada, e cada uma levou um presente para Anne. Elas começaram brincando dentro de casa, de dança da cadeira e de outras brincadeiras, mas como o dia estava muito bonito, a festa continuou lá fora. Quem ganhar os jogos vai levar um prêmio pra casa.

O pai de Anne, Otto Frank, está de folga do trabalho para participar da celebração. Ele que tirou esta foto de Anne com as suas amigas na calçada em frente a sua casa, na Merwedeplein.

Otto Frank é dono de uma empresa. Ele vende Opekta, um produto usado para fazer geleia caseira. Quando a festa acabou, todas as meninas ganharam um potinho de geleia para levar para casa. Alguns dias depois, elas receberam uma cópia da foto como lembrança da tarde tão gostosa. No verso da foto, Anne escreveu com a sua letra mais caprichada: "Festa de aniversário de Anne Frank, 12 de junho de 1939".

Nove meninas enfileiradas lado a lado. Foi o último aniversário de Anne antes da Segunda Guerra Mundial. Três delas não vão sobreviver à guerra porque são judias. Anne Frank é uma delas. E esta é a sua história.

1. Uma menina alemã

Anne Frank nasceu num dia quente de primavera. "Annelies Marie, nascida em 12 de junho de 1929, 7h30 da manhã", anotou sua mãe no livro do bebê. Anne foi a segunda filha de Otto Frank e de Edith Frank-Holländer. Sua irmã Margot tinha três anos.

Dois dias depois do nascimento, Margot foi ao hospital com a sua avó Frank para fazer uma visita. "Margot ficou muito empolgada", registrou a mãe de Anne. No final de junho, mãe e filha já estavam prontas para voltar pra casa. A família Frank morava num andar de uma casa grande, num bairro com muito verde, na periferia de Frankfurt. A vovó Frank também morava em Frankfurt, mas no centro da cidade.

Todas as crianças da vizinhança estavam muito curiosas e passaram para conhecer a pequena Anne. No início de julho, os irmãos de Edith, Julius e Walter Holländer, também visitaram a recém-nascida. Algumas semanas depois, Anne foi com a sua mãe para a casa da vovó Holländer. Ela morava em Aachen, próximo à fronteira holandesa.

Perto da casa de Frankfurt, morava uma menina que se chamava Gertrud Naumann. Ela já tinha doze anos e às vezes tomava conta de crianças. Gertrud brincava com Margot e Anne e lia livros para elas.

A família Frank tinha ainda uma jovem babá: Kathi Stilgenbauer. Kathi notou que as duas irmãs eram bem diferentes. Margot sempre pareceu uma princesinha, enquanto Anne gostava de brincar nas poças de chuva na varanda. Às vezes Kathi precisava trocar as roupas de Anne mais de uma vez por dia.

Margot, dezembro de 1927.

Os noivos, Otto e Edith Frank-Holländer, com os convidados, em 12 de maio de 1925. Nesse mesmo dia, Otto fez 36 anos.

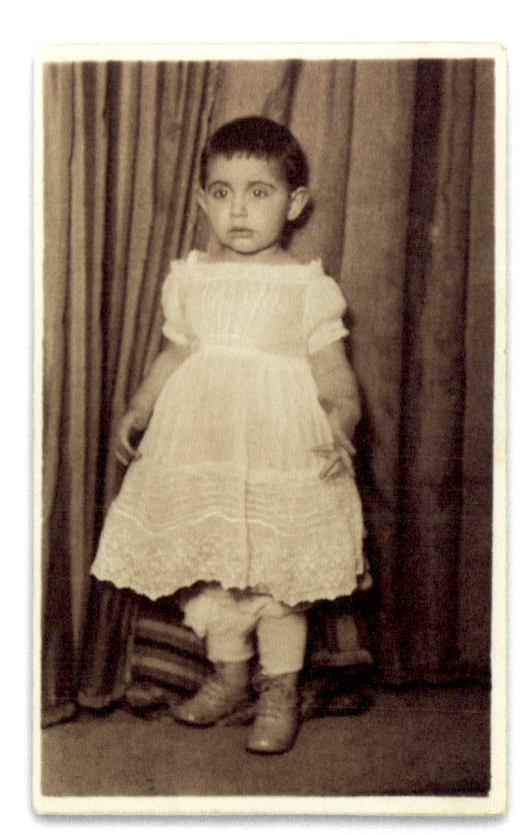

4

Enquanto a mãe de Anne cuidava da casa e das crianças, seu pai trabalhava para o banco da família, que foi fundado pelo avô Frank. A família Frank era tanto alemã quanto judia e tinha uma longa história em Frankfurt: já no século XVI viviam lá ascendentes distantes.

Eram tempos felizes. Otto e Edith estavam contentes com as duas filhas. A família morava numa casa bonita, e havia muitas crianças na vizinhança para brincarem com Margot e Anne. Mas o mundo de Anne era um mundo em crise.

A Alemanha perdeu a Primeira Guerra Mundial (1914-18) e, com isso, na assinatura do Tratado de Versalhes, ficou estabelecido que deveria ceder partes do país aos vencedores, além de pagar uma indenização bem alta pelos danos causados na guerra. Muitos alemães guardavam rancor desse tratado de paz e queriam se livrar dele.

Nos Estados Unidos, a bolsa de valores de Nova York quebrou no final de outubro de 1929. Isso gerou uma crise econômica mundial. De uma hora para outra, as ações não valiam mais nada. Muitas pessoas perderam todo o seu dinheiro. A Alemanha também foi gravemente afetada. Milhões de alemães ficaram desempregados, não tinham mais dinheiro e viviam na pobreza.

Quando as coisas andam mal num país, sempre há pessoas que, injustamente, colocam a culpa nos outros. Foi o que aconteceu também na Alemanha. Muitos alemães consideravam os judeus responsáveis por todos os problemas, pela guerra perdida e pela crise econômica.

Existia até um partido político que colocava a culpa dessa crise nos judeus: o Partido Nacional-Socialista dos Trabalhadores Alemães (NSDAP, na sigla em alemão). O líder desse partido era Adolf Hitler e seus seguidores eram chamados de nazistas. Eles detestavam os judeus. No programa do partido estava escrito o que pretendiam mudar caso assumissem o governo. Os judeus não seriam mais alemães e só poderiam viver na Alemanha como visitantes. Eles não poderiam mais ser funcionários públicos nem professores.

Anne, maio de 1931.

Otto com Margot e Anne,
agosto de 1931.

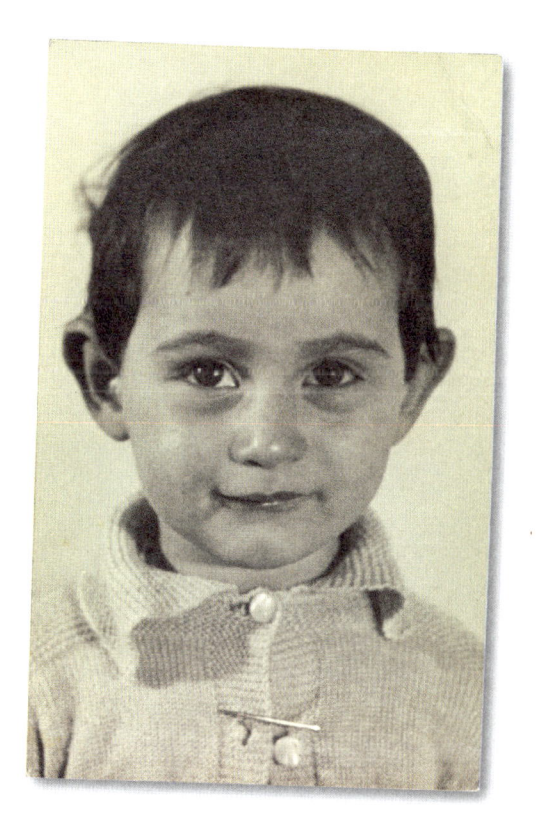

E se os alimentos se tornassem escassos, os judeus, bem como todos os estrangeiros, seriam expulsos do país. O partido NSDAP queria também fechar as fronteiras nacionais para não deixar mais pessoas que não fossem alemães entrar.

Em 1929, o NSDAP ainda era pequeno e tinha poucos adeptos, mas em três anos o partido venceu as eleições. Um em cada três eleitores votou, então, no partido de Hitler. Os nazistas prometeram à Alemanha um futuro de ouro: um país grande e poderoso. No final de janeiro de 1933, Adolf Hitler tornou-se o líder do governo alemão.

O NSDAP contava com uma espécie de milícia particular: a Sturmabteilung (SA), as tropas de assalto. Os membros da SA vestiam uniforme marrom, marchavam pelas ruas e entoavam canções de luta. A partir dessas músicas dava para perceber como eles detestavam os judeus. Frequentemente ocorriam brigas violentas na rua entre os membros da SA e seus adversários políticos: os comunistas e os sociais-democratas.

Aos poucos, Hitler e o NSDAP transformaram a Alemanha em uma ditadura. Os nazistas prenderam milhares de adversários políticos e passaram a mandá-los para campos de concentração, como os de Dachau. Centenas deles foram assassinados nesse campo.

Em março de 1933, na prefeitura de Frankfurt, foram hasteadas pela primeira vez bandeiras do NSDAP com a suástica. No dia 1º de abril, em todo o território alemão nazista, os membros da SA se instalaram em bancos, estabelecimentos comerciais e mercados de propriedade judaica, bem como consultórios de médicos judeus e escritórios de advogados judeus. Eles estavam ali para impedir a entrada das pessoas, carregando cartazes com os dizeres: "ALEMÃES! RESISTAM! NÃO COMPREM DE JUDEUS".

Os seguidores de Hitler não pararam por aí. Em maio, queimaram, em Frankfurt e em outras cidades alemãs, milhares de livros de escritores judeus e de outros autores que consideravam "não alemães". Não havia lugar para eles na Alemanha nazista, não havia mais liberdade de expressão. A partir do verão, todos os outros partidos políticos foram banidos, restando apenas um: o NSDAP.

Margot e Anne em Aachen, outubro de 1933.

Foto de Edith, Anne e Margot feita com a câmera automática do armazém Tietz, em Frankfurt, em 10 de março de 1933. Juntas, elas pesavam 110 quilos.

Bandeira com suástica sendo hasteada pelos nazistas na prefeitura em Frankfurt am Main, 13 de março de 1933.

Por que o símbolo dos nazistas era a suástica?

A suástica é um antigo símbolo religioso que também pode ser encontrado, por exemplo, nos templos da Índia. Os nazistas adotaram esse desenho como emblema para seu partido e o utilizaram em tudo: bandeiras, pôsteres, uniformes e até mesmo em bolas de árvores de Natal. Em seu livro *Minha luta* (*Mein Kampf*), Hitler dizia que a suástica representava a força da "raça ariana", do povo alemão. As cores vermelha, branca e preta do símbolo se referiam ao socialismo, ao nacionalismo alemão e à luta dos nazistas contra grupos de pessoas "indesejáveis" — entre elas, os judeus.

Prisioneiros no Campo de Concentração de Dachau, 27 de maio de 1933.

O que é um campo de concentração?

Pouco depois da chegada de Hitler ao poder em 1933, foi construído no sul da Alemanha, em Dachau, um campo de concentração. Era ali que os nazistas prendiam seus adversários políticos. Embora o campo de concentração não tenha sido uma descoberta dos nazistas, muitas pessoas associam essa palavra à perseguição dos judeus e à Segunda Guerra Mundial. Na Alemanha nazista e, mais tarde, nos países ocupados, foram construídos centenas de campos de concentração, pequenos e grandes. Sem processo legal, eram levadas para lá pessoas que nazistas consideravam "indesejáveis", tais como os judeus, os ciganos Roma e Sinti, os homossexuais e os adversários políticos. Num terreno grande, cercado com arame farpado e atalaias, os prisioneiros dormiam em instalações simples (barracões) com beliches de madeira. Eles realizavam trabalho forçado pesado e recebiam muito pouco para comer e beber. As condições higiênicas também eram péssimas.

Otto e Edith queriam ir embora do país, por se sentirem ameaçados por Hitler e seus adeptos. Devido à crise econômica, a situação do banco da família Frank também não estava boa. Com a ajuda do cunhado Erich Elias, o pai de Anne conseguiu abrir uma empresa na Holanda. Ele iria vender Opekta por lá. No verão de 1933, Otto partiu para Amsterdam e abriu um pequeno escritório no centro da cidade. Ele já conhecia um pouco da cidade, porque em 1924 havia sido aberta uma filial do banco da família ali.

Edith, Margot e Anne permaneceram ainda por um tempo na Alemanha. No final de setembro, elas se hospedaram na casa da vovó Holländer, em Aachen. Edith viajava com frequência de Aachen a Amsterdam para procurar uma casa para morar. Em novembro, encontrou uma morada apropriada na praça Merwedeplein, situada num bairro novo residencial, na zona sul de Amsterdam. A moradia era bem menor do que a de Frankfurt, mas recebia sol e era bem aquecida.

Um pouco antes do Natal, os tios Julius e Walter levaram Margot para Amsterdam.

Ali ela começou a frequentar sua nova escola no dia 4 de janeiro de 1934. Anne queria acompanhar logo a irmã, mas ainda precisava ficar um tempo com a avó. Em meados de fevereiro, ela também foi para Amsterdam. E a vida de Anne num novo país pôde começar.

A empresa de Otto Frank comercializava Opekta, um agente gelificante usado para fazer geleia. A partir de dezembro de 1940, a empresa se estabeleceu em Prinsengracht, 263.

Pôster de publicidade da Opekta.

2. Um novo país

Anne, assim como Margot, queria entrar logo na escola, mas ela precisava esperar, porque era ainda muito nova. Foi em abril de 1934 que ela finalmente entrou no jardim de infância. Otto e Edith matricularam Anne na escola Montessori, onde os alunos tinham muita liberdade, o que era excelente para ela.

Ao redor da Merwedeplein moravam muitas famílias judias que também tinham abandonado a Alemanha nazista. Otto e Edith fizeram amizade com a família Goslar e a família Ledermann, de Berlim. Hans Goslar e Franz Ledermann orientavam os judeus que quisessem sair da Alemanha nazista, vender suas empresas ou começar um novo negócio em outro lugar. Anne, Hannah Goslar e Sanne Ledermann ficaram amigas. Hannah era da turma de Anne no jardim de infância, e Sanne estudava na mesma escola que Margot.

Otto precisava trabalhar muito para levantar a empresa do zero. Edith cuidava das filhas e da casa e, tal como em Frankfurt, a família tinha uma babá. Edith permaneceu em contato com a vizinha de Frankfurt, Gertrud. Escreveu a ela dizendo que Otto nunca descansava e que estava com uma aparência magra e cansada. Edith contou também que Margot e Anne sempre falavam dela e que estavam com saudades.

Em junho, Anne fez cinco anos. Foi o primeiro aniversário comemorado na Holanda; primeiro no jardim de infância e depois em casa, com suas amigas. No verão, Margot e Anne passaram duas semanas numa colônia de férias, em Zandvoort. Lá elas viram o mar pela primeira vez!

Anne, 11 de setembro de 1934.
Margot, 11 de setembro de 1934.

Margot e Anne em Zandvoort aan Zee, verão de 1934.

Anne com suas amigas Eva Goldberg (à esq.) e Sanne Ledermann (no centro) na Merwedeplein, agosto de 1936.

"Ela veio correndo para os meus braços."

"Eu tinha quatro anos quando fomos morar em Amsterdam. Na primeira semana, já tinha visto Anne Frank uma vez, na mercearia. Alguns dias depois, minha mãe me levou ao jardim de infância. Não queria ficar lá porque não conhecia ninguém e não falava holandês. Mas de repente vi Anne... Ela estava fazendo música com pequenos sinos de metal e, ao terminar, se virou e veio correndo para os meus braços. Foi assim que ficamos amigas. E os nossos pais também se tornaram amigos."

Hannah Goslar
Fonte: *Anne Frank Krant*, Casa de Anne Frank, 2015.

Anne e Hannah no jardim de infância, junho de 1935.

Amor proibido

Sob supervisão da SA (tropas de assalto), o judeu Julius Wolff e sua noiva não judia, Christine Neemann, tiveram de andar pelas ruas da cidade alemã Norden. Era uma segunda-feira, 22 de julho de 1935. Centenas de pessoas estavam presentes. Christine e Julius carregavam um cartaz, em que se lia "Sou um violador racial", no cartaz de Julius, e "Sou uma moça alemã e me deixei violar por um judeu", no de Christine. Os nazistas não permitiam que os judeus tivessem relações com pessoas que não fossem judias. Christine e Julius foram maltratados pelos nazistas e jogados na prisão. Christine foi obrigada a ir para um campo de concentração. Apenas quando prometeu terminar seu relacionamento com Julius foi posta em liberdade. Julius ficou preso em um outro campo. Ele também foi solto depois de um tempo e conseguiu fugir para os Estados Unidos.

Esta foto foi feita pelo farmacêutico de Norden, que era membro do partido nazista NSDAP e da SA. Ele tirou várias fotos e as exibiu na sua vitrine. As fotos também foram publicadas num jornal. O que aconteceu em Norden se repetiu em muitas outras cidades alemãs. A partir de setembro de 1935 as relações amorosas e os casamentos entre judeus e não judeus foram proibidos por lei na Alemanha nazista.

Depois das férias, Margot entrou no 3º ano do Ensino Básico da Holanda e Anne passou mais um ano na pré-escola. Nessa época, Margot e Anne já falavam bem holandês.

Para Otto e Edith foi um alívio ter saído da Alemanha nazista. Mas a preocupação com os familiares que ainda estavam lá — a mãe e os irmãos de Edith, Julius e Walter — permaneceu. Já os parentes de Otto, todos haviam saído do país: seu irmão Robert se mudou para Londres, o irmão Herbert foi para Paris, e sua irmã Leni passou a morar com o marido Erich Elias e seus filhos, Stephan e Bernd, na Basileia, na Suíça. A vovó Frank também foi para lá em 1933.

A situação dos judeus se tornava cada vez mais difícil na Alemanha nazista. Funcionários públicos e professores judeus eram demitidos. Em muitos lugares, piscinas e parques, por exemplo, havia placas dizendo "PROIBIDO PARA JUDEUS". Nas vias de acesso a cidades e vilas, havia imensos cartazes em que se lia: "JUDEUS NÃO SÃO BEM-VINDOS AQUI" ou "JUDEUS NÃO SÃO BENQUISTOS". Nos jornais e no rádio, os nazistas falavam constantemente que os judeus eram "a desgraça da Alemanha".

Mais e mais alemães passaram a acreditar nessa propaganda que incitava o ódio.

Em setembro de 1935, os nazistas avançaram com as suas medidas. Para começar, todos os habitantes deviam notificar quantos avós judeus tinham. Quem tivesse três ou quatro avós judeus era considerado "judeu puro" e quem tivesse dois, era, na opinião dos nazistas, "meio judeu". Quando só um dos avós era judeu, a pessoa era considerada "um quarto judeu". Em seguida, os nazistas passaram a adotar leis especiais. Judeus e não judeus não podiam ter relações amorosas e, portanto, os casamentos também eram proibidos. Os judeus alemães eram cada vez mais discriminados.

A família Frank deixou de visitar os familiares tanto na Alemanha quanto na Suíça. Tornava-se muito perigoso viajar pela Alemanha nazista. Anne achou maravilhoso quando, no final de 1937, pôde acompanhar o pai numa visita aos parentes na Basileia. Lá ela se divertiu bastante com seu primo Bernd. Ele adorava patinação artística e Anne também queria aprender a patinar. No começo de 1938, Margot e Anne dormiram pela última vez na casa da vovó Holländer em Aachen.

No escritório, 1936. Da esq. para a dir.: Miep Santrouschitz (que se casou com Jan Gies em junho de 1941), Otto Frank e Henk van Beusekom.

A família Ledermann na varanda de sua casa, 1936. Da esq. para a dir.: Sanne, Ilse Ledermann-Citroen, Franz Ledermann e Barbara.

Da esq. para a dir.: Hannah Goslar, Anne, Dolly Citroen, Hannah Toby, Barbara Ledermann e Sanne Ledermann (em pé). Foto tirada no jardim da família Toby, na Merwedeplein, 1937.

Otto e Edith estavam preocupados com a situação financeira da família. A Opekta não ia tão bem quanto o esperado, e a ameaça da Alemanha nazista se estabelecia progressivamente. Otto viajou algumas vezes à Inglaterra para ver se era possível abrir uma empresa por lá, mas não deu certo. Em seguida, ele conheceu Hermann van Pels, que também havia fugido da Alemanha nazista com a família. Hermann sabia tudo sobre especiarias. Então, Otto Frank resolveu abrir uma segunda empresa com seu sócio Johannes Kleiman, a Pectacon, que moía, misturava e vendia especiarias; assim poderia contratar Hermann.

Na Alemanha nazista o ambiente se tornava cada vez mais assustador. Na noite de 9 para 10 de novembro de 1938, os nazistas incendiaram centenas de sinagogas e destruíram milhares de lojas de proprietários judeus. Centenas de judeus foram assassinados e um pouco mais de 30 mil homens judeus foram presos. Os irmãos de Edith, tio Julius e tio Walter, também foram detidos. Julius foi posto em liberdade em seguida porque havia lutado na Primeira Guerra Mundial como soldado para a Alemanha. Walter foi enviado ao Campo de Concentração de Sachsenhausen. Essa noite entrou para a história como a Noite dos Cristais, devido aos vidros quebrados das vitrines de lojas que se espalhavam pelas ruas.

Julius e Otto entraram com um pedido para libertar Walter e foram atendidos no início de dezembro. Walter recebeu permissão do serviço holandês de imigração de viajar para a Holanda em liberdade. Ele foi parar num campo de refugiados em Amsterdam, sem direito a trabalhar e ainda obrigado a pagar pelo abrigo. Os refugiados estavam sob controle da polícia e não podiam deixar o alojamento sem autorização.

Em março de 1939, a vovó Holländer chegou a Amsterdam para morar com a família Frank. Em abril, Julius conseguiu emigrar, via Amsterdam, para os Estados Unidos. Walter pôde viajar em dezembro para encontrá-lo. Eles deixaram todos os seus pertences para trás em Aachen, e também desistiram da empresa de metais que tinham. Na América do Norte precisaram começar do zero. Os dois foram morar perto de Boston. Walter conseguiu um trabalho simples em uma fábrica de papelão e Julius, em uma de couro.

Anne com seu pai durante um passeio de barco, 1938.

Classe de Anne na escola Montessori, 1938.

No dia 12 de junho, Anne comemorou seu décimo aniversário. Ela já estava morando na Holanda havia seis anos e estava no 4º ano da escola Montessori. Depois das férias de verão, Anne entrou no 5º ano, e Margot começou o 2º ano do Meisjeslyceum, uma escola de ensino médio.

Em 1º de setembro de 1939, o Exército alemão invadiu a Polônia. A França e a Inglaterra prometeram apoiar a Polônia se o país sofresse ataque. Os dois países declararam, então, guerra à Alemanha nazista, mas não enviaram tropas à Polônia. A tensão aumentou quando, em abril de 1940, a Alemanha atacou a Dinamarca e a Noruega.

A família Frank acompanhou de perto as notícias sobre a guerra. No final de abril de 1940, Margot escreveu à sua amiga norte-americana, Betty Ann Wagner, com quem trocava cartas: "Ouvimos frequentemente o rádio, pois estamos passando por momentos tensos. Nunca nos sentimos em segurança, porque a Holanda faz fronteira com a Alemanha, e somos um país pequeno".

Versinho escrito por Anne no álbum de poesias de sua amiga Juultje Ketellapper.

Passaporte da avó Holländer.

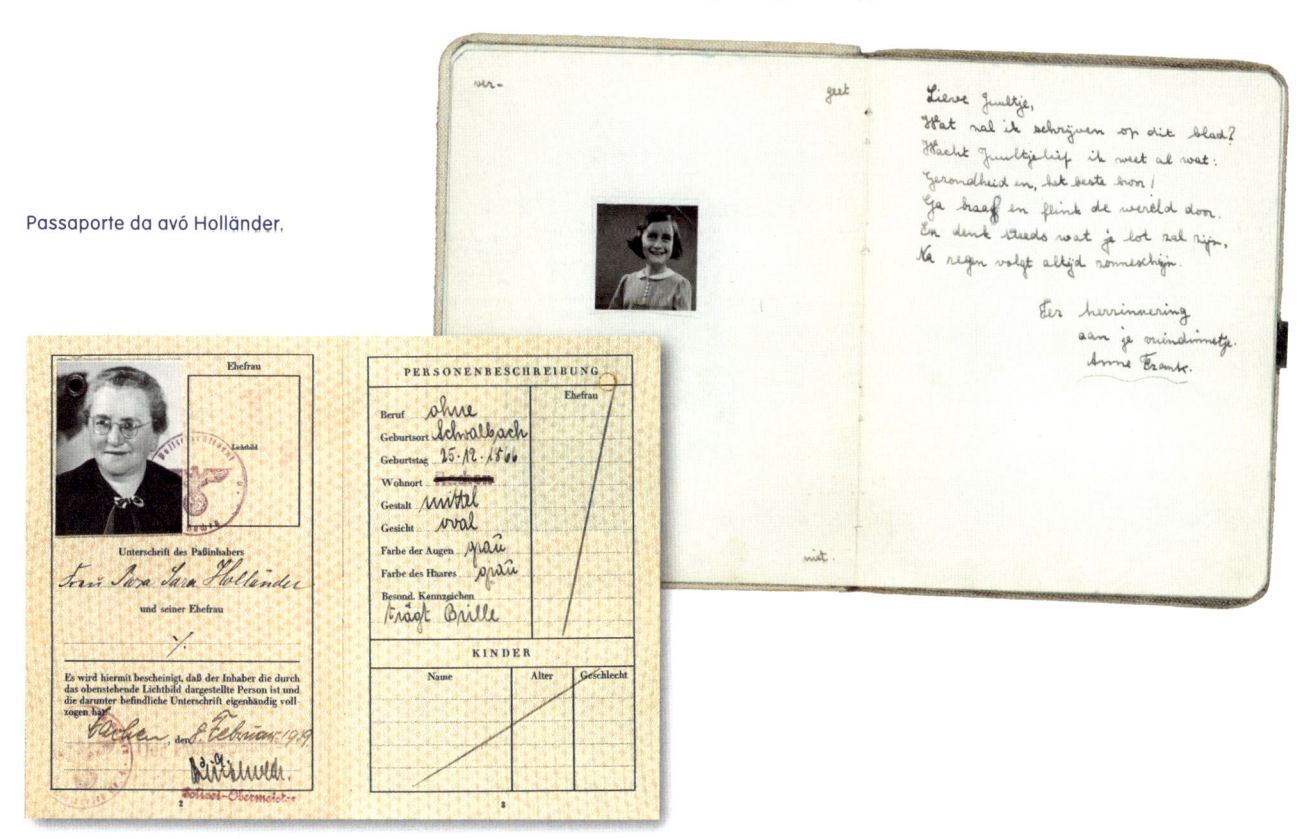

3. Guerra!

Na noite de 9 para 10 de maio de 1940, a família Frank foi acordada por explosões pesadas e ronco de aviões. Da casa deles era possível ver o aeroporto de Schiphol sendo bombardeado. Aconteceu o que eles temiam esse tempo todo: a Holanda foi invadida pelo Exército alemão. Era a guerra!

Em Amsterdam, instaurou-se o pânico entre os moradores judeus. Sobretudo entre aqueles que fugiram da Alemanha depois da Noite dos Cristais, pois sabiam exatamente do que os nazistas eram capazes. Algumas pessoas se dirigiram ao porto de IJmuiden e tentaram atravessar para a Inglaterra de navio. Mas foram poucos os que conseguiram chegar lá. Outras pessoas ficaram tão desesperadas que se suicidaram. Elas não queriam aguardar a chegada dos nazistas.

Após alguns dias ficou claro que o Exército holandês perderia a batalha. As tropas alemãs tinham armas modernas e estavam muito bem treinadas. A rainha Guilhermina e todos os ministros fugiram para a Inglaterra. Quando os aviões alemães bombardearam o centro de Rotterdam no dia 14 de maio, o Exército holandês se rendeu. A Holanda foi ocupada, e os nazistas assumiram o comando do país.

Depois da invasão alemã, a vida da família Frank continuou normal por um tempo. A partir de 20 de maio, Anne e Margot puderam voltar à escola. Não parecia ter mudado muita coisa. Mas o aniversário de Anne no dia 12 de junho não foi comemorado, ninguém estava em clima de festa. Nas férias de verão eles foram algumas vezes à praia. Depois disso, Anne começou o último ano do ensino fundamental.

Anne, maio de 1940.

Anne com a professora Godron e as colegas de classe Martha van Berg (à esq.) e Rela Solomon (à dir.), 1940.

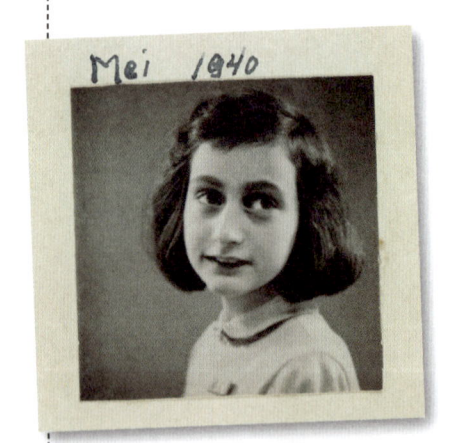

Margot, maio de 1940.

Por que Hitler atacou a Holanda?

O ataque da Alemanha nazista à Holanda em maio de 1940 fez parte de um grande plano que tinha como objetivo derrotar a França. Assim como durante a Primeira Guerra Mundial, a Holanda assumiu uma posição neutra. O país não ficou ao lado da Alemanha, mas também não apoiou a Inglaterra e a França. Hitler não deu a menor importância para o fato de a Holanda não ter tomado partido. Segundo o comando do Exército alemão, para poder derrotar a França, era preciso primeiro conquistar Holanda, Bélgica e Luxemburgo. Seguindo esse caminho, o Exército alemão conseguiria se desviar da forte linha de defesa francesa na fronteira entre a Alemanha e a França. Quando a França já estivesse derrotada, Hitler planejava atacar a Inglaterra a partir dos portos da Holanda e da Bélgica.

Soldados alemães e um soldado holandês morto, maio de 1940. Em poucos dias, em maio de 1940, aproximadamente 2,2 mil militares holandeses foram mortos.

Como os nazistas sabiam quem era judeu?

Em janeiro de 1941 todos os judeus que moravam na Holanda deviam se registrar. Os nazistas definiram previamente em leis raciais quem eles considerariam judeus: todos aqueles com pelo menos um avô judeu (ou uma avó judia) deviam comprar um formulário na prefeitura e preenchê-lo. Na Holanda viviam 160 mil judeus. Mais de 15 mil deles tinham fugido antes da Alemanha nazista. Esse registro era organizado por funcionários públicos holandeses. Por meio dele o ocupante alemão sabia exatamente, na primavera de 1941, quem era ou não judeu. O cartão de identidade dos judeus era carimbado duas vezes com um "J" maiúsculo de cor preta.

BEWIJS
VAN AANMELDING,

als bedoeld in artikel 9, eerste lid, van de Verordening No. 6/1941 van den Rijks-commissaris voor het bezette Nederlandsche gebied, betreffende den aanmeldingsplicht van personen van geheel of gedeeltelijk joodschen bloede.

JOODSCHE RAAD VOOR AMSTERDAM
*

De ondergeteekende, ambtenaar voor de aanmelding, verklaart dat de aan keer-zijde aangeduide persoon, opgenomen in het Bevolkingsregister dezer gemeente, heeft voldaan aan de verplichting tot aanmelding volgens de bovengenoemde Verordening.

Afgegeven op 2 0 MAART 1941

in Gemeente AMSTERDAM

voor den Burgemeester,
De Administrateur
afd. Bev.register en Verkiezingen.

Cada morador judeu recebia este cartão como comprovante por ter se apresentado. No verso eram registrados os dados pessoais.

Os nazistas passaram a segregar os judeus também na Holanda, do mesmo jeito que fizeram na Alemanha. Eles adotaram medidas antijudaicas: funcionários públicos judeus foram demitidos; aos judeus não era mais permitido participar de programas para aprender a se proteger contra incursões aéreas; e o abate de animais conforme as regras judaicas passou a ser proibido.

Na prática, a primeira medida não afetou Anne e sua família. Mas em outubro todos os judeus que eram donos de empresas precisaram notificar o governo. Otto sabia que esse era apenas o primeiro passo: suas empresas seriam arrancadas dele. Afinal, na Alemanha nazista, os judeus também não podiam ter seu próprio negócio.

Otto teve uma ideia para resolver isso. Ele pediu aos funcionários Johannes Kleiman e Victor Kugler, e também a Jan Gies, que assumissem a liderança da Opekta e da Pectacon. Oficialmente, eles se tornaram os novos diretores, mas continuariam discutindo todas as questões importantes com Otto.

Anne, por sua vez, desenvolveu uma nova paixão no inverno: patinação artística. Animada, ela escreveu aos primos da Suíça dizendo que ganhou novos patins e que estava frequentando as aulas. "Todo tempo livre que eu tenho estou na pista de patinação. [...] Tenho aulas regulares em que aprendo a dançar valsa, saltar e tudo o que estiver relacionado à patinação artística." Anne desejava patinar tão bem quanto seu primo Bernd, que já se apresentava em público.

Otto e Edith ficaram preocupados com as medidas antijudaicas, mas tentaram não demonstrar a Margot e Anne. Em janeiro de 1941, todos os judeus que tinham pelo menos um avô judeu (ou uma avó judia) deveriam comparecer à prefeitura. Eles precisavam preencher formulários indicando não só o nome, o endereço, a idade, o local de nascimento, a nacionalidade, o estado civil (se casado ou divorciado) e a profissão, mas também a religião, o número de avós judeus e, por fim, a última cidade onde residiram na Alemanha. Com isso os nazistas saberiam exatamente onde os judeus moravam.

Anne (segunda à esq.) no Vondelpark, em Amsterdam, no inverno de 1940-41. Ela gostava muito de patinação artística. Esta é a única foto de Anne patinando no gelo que ficou guardada.

Johannes Kleiman (à esq.) com Victor Kugler em frente à porta do Prinsengracht, 263, no começo dos anos 1950.

Em fevereiro, a atmosfera em Amsterdam se tornou ameaçadora. O primeiro grande ataque aconteceu no centro da cidade. Agentes de polícia alemães prenderam centenas de homens judeus e encaminharam todos ao Campo de Concentração de Mauthausen. No decorrer do ano, numerosas famílias recebiam a notícia de que seu marido ou filho, que estava preso, havia morrido.

Otto e Edith receavam o pior, então pediram ajuda a Nathan Straus, um ex-colega de classe de Otto que morava nos Estados Unidos. Eles pretendiam fugir da Holanda ocupada para lá. Os tios Julius e Walter também foram acionados. Mas o país só permitia a entrada de um número limitado de refugiados. Além disso, precisariam não só de um visto como também de uma autorização para sair da Holanda. Custaria muito tempo e dinheiro para conseguirem.

Em junho houve um novo ataque, dessa vez no bairro onde a família Frank morava. Um pouco mais de trezentos homens judeus foram presos e levados, entre eles amigos e conhecidos. Isso aconteceu no dia 11 de junho, um dia antes de Anne completar doze anos. Sua festa de aniversário foi adiada por causa desse ataque e porque a vovó Holländer estava muito doente.

Nas férias de verão, Anne passou duas semanas com sua amiga Sanne Ledermann. Os pais de Sanne alugaram uma casa de veraneio em Beekbergen, perto de Apeldoorn. Lá Anne aprendeu a jogar pingue-pongue e leu bastante, porque o tempo não estava muito bom. De vez em quando Sanne e Anne cuidavam de Ray, um bebê que também estava hospedado ali com os pais. Anne escreveu uma carta à vovó Frank contando que em Beekbergen ela dormia bem mais sossegada, não acordava assustada por causa da sirene ou da artilharia contra os aviões.

Em agosto, Otto e Edith receberam uma carta da prefeitura de Amsterdam. Os nazistas instituíram uma nova medida: após as férias de verão, todos os alunos judeus deviam frequentar apenas determinadas escolas. Margot e Anne tiveram que se despedir de seus colegas de classe e professores.

Já existiam escolas judaicas em Amsterdam, assim como católicas e protestantes. Mas para poder atender os quase 7 mil alunos judeus seria preciso construir novas escolas.

A família Frank na Merwedeplein, 1941.

Anne e Sanne Ledermann com Ray, o bebê dos amigos da família Ledermann, nas férias em Beekbergen.

"Não fazemos muito na escola…"

Este desenho foi feito por Anne Frank. Ela escreveu seu nome e provavelmente a professora acrescentou a data: 20 de junho de 1941. Anne enviou uma extensa carta para a avó Frank na Suíça: "Não fazemos muito na escola: desenhamos um pouco pela manhã e à tarde passeamos pelo jardim, pegando mosquitos e catando flores". A escola de Anne tinha um jardim grande, cuidado pelos próprios alunos.

Mais de cem medidas antissemitas

Na Holanda, os nazistas também tomaram providências para isolar ainda mais os judeus. Nos primeiros anos da ocupação, mais de cem medidas antissemitas foram decretadas. Seguem algumas delas:

- Todos os funcionários públicos judeus foram demitidos.
- Era proibido aos judeus terem uma empresa própria.
- Não era mais permitido aos judeus visitarem a casa de não judeus, e vice-versa.
- Aos judeus era permitido ter, no máximo, 110 florins (convertendo para os valores de hoje, correspondiam a 775 euros). O resto do dinheiro devia ser entregue às autoridades.
- Não era permitido aos judeus se tornarem membros de uma associação, esportiva ou não, em que pessoas não judias já faziam parte.
- Aos judeus só era permitido fazer compras à tarde, apenas entre 15h e 17h.
- Os judeus eram proibidos de frequentar transporte e lugares públicos, como piscinas e parques.
- Alunos judeus deviam estudar em escolas judaicas separadas.
- Os judeus precisavam de uma permissão para viajar ou para se mudar.
- Todos os judeus com seis anos ou mais deviam usar uma estrela judaica na roupa.

A partir de setembro de 1941 tornou-se obrigatório, em muitos lugares na Holanda, pendurar cartazes com textos como "Proibido para judeus" ou "Judeus não desejados".

Cartaz com o texto "Proibido para judeus" na praia de Zandvoort, primavera de 1941.

Lutando pela Alemanha nazista

Em agosto de 1941 saía da estação de Haia um trem repleto de homens holandeses em direção ao Leste. Familiares e amigos se despediam deles, acenando entusiasticamente, fazendo a saudação de Hitler. Um dos homens mostrava com orgulho o livro *Minha luta* (*Mein Kampf*), escrito por Hitler. Todo voluntário recebia um exemplar do livro. Eles se apresentavam voluntariamente para lutar contra os russos ao lado do Exército alemão. A Alemanha nazista começou o ataque contra a União Soviética (URSS) em 22 de junho de 1941 e, com isso, fazia bom uso desses voluntários holandeses.

No trem foram escritos com giz os mais variados textos: "Vamos ao recanto dos judeus" (na Rússia, moravam relativamente muitos judeus), "Vamos buscar Stálin", entre outros. E numa forca era possível ler "Stálin deve ser pendurado aqui" (Stálin era o líder da Rússia). Além disso, o "V" de vitória e a suástica foram desenhados no trem. Mais de 25 mil holandeses lutaram ao lado do Exército alemão, dos quais 7 mil morreram.

Uma verdadeira guerra mundial

Em 7 de dezembro de 1941, aviões japoneses atacaram navios da Marinha dos Estados Unidos em Pearl Harbor, uma base naval situada em uma das ilhas do Havaí, no oceano Pacífico. Tal como a Alemanha na Europa, o Japão pretendia ser o dono do Leste Asiático. Logo após esse ataque, os Estados Unidos declararam guerra ao Japão e à sua aliada Alemanha nazista. Com isso, a guerra na Europa se tornou uma guerra mundial, tendo de um lado as "potências do Eixo" (Alemanha nazista, Itália e Japão) e do outro, os "Aliados" (Estados Unidos, Canadá, Inglaterra, França, Rússia e China). Na Europa, bem como na Ásia, travavam-se lutas atrozes, causando milhões de vítimas. Pouco mais de um mês depois do ataque a Pearl Harbor, em 11 de janeiro de 1942, soldados japoneses desembarcaram nas Índias Orientais Holandesas (atual Indonésia).

O Japão ocupou a colônia holandesa, e os cidadãos holandeses de cor branca foram segregados em bairros fechados, nos campos de internação chamados de Jappenkampen.

Navios da Marinha americana em chamas em Pearl Harbor, 7 de dezembro de 1941.

Uma delas foi o Liceu Judaico. Margot foi para o 4º ano e Anne para o 1º ano, como sua amiga Hannah. Antes de a escola começar a funcionar, ainda havia muito a ser feito. Por isso, para elas, a escola só começaria em 15 de outubro.

Em meados de setembro, Anne fez uma viagem de alguns dias com seu pai. Otto queria descansar um pouco. Ele levou Anne para um hotel muito bonito perto de Arnhem. Ela adorou o lugar, bem no meio da natureza.

No primeiro dia de aula do Liceu Judaico, Anne e Hannah perceberam que não tinham caído na mesma classe. Anne não conhecia quase ninguém e se sentia só. A terceira aula foi de educação física, e ela achou a professora tão boazinha que tomou coragem para pedir ajuda. Então, a professora deu um jeito para que Hannah fosse para a sala de Anne a partir da aula seguinte.

Em 7 de dezembro de 1941, aviões japoneses bombardearam navios da Marinha americana em Pearl Harbor, no Havaí. Isso significava guerra declarada entre o Japão e os Estados Unidos. Mas como o Japão e a Alemanha nazista eram aliados, então também significava guerra entre a Alemanha nazista e os Estados Unidos. As fronteiras foram fechadas. Toda a esperança que os pais de Anne tinham de ainda poder ir embora havia sido destruída. Sair da Holanda ocupada era quase impossível.

O ano de 1942 começou triste para a família Frank. A vovó Holländer estava doente já havia muito tempo e acabou falecendo no final de janeiro. Ela foi enterrada no cemitério judaico em Hoofddorp. Anne tinha agora apenas uma avó, a vovó Frank, que morava na Basileia.

De vez em quando Anne escrevia uma carta para ela e para os outros parentes da Suíça. Nessas cartas, ela não podia escrever tudo o que queria porque o correio era controlado pelos nazistas. Em abril de 1942, Anne escreveu que receava ter esquecido como patinar, pois já fazia muito tempo que não praticava. O que ela não contou é que os judeus foram proibidos de praticar aquele esporte.

Além disso, Anne escreveu dizendo que o Liceu Judaico era "muito bom", mas reclamou que havia muita lição de casa e que por isso quase não tinha tempo para fazer outras coisas.

Anne em Beekborgen, junho de 1941. Da esq. para a dir.: Anne, Tineke Gatsonides, Sanne e Barbara Ledermann.

Margot (à esq.) faz uma pausa com o colega da sociedade de jovens sionistas, Maccabi Hatzair, durante um passeio de bicicleta, 1941. Anne escreveu em seu diário que Margot queria ser parteira na Palestina.

Na classe dela havia mais meninos do que meninas. Anne escreveu: "No começo andávamos bastante com os meninos, mas agora estamos um pouco distantes; ainda bem, porque eles começaram a atormentar".

Nessa carta Anne também contou sobre Moortje, sua gata preta. Anne estava ansiosa para que ela tivesse filhotinhos logo. Aquilo era muito possível: Moortje andava fora da casa e havia muitos gatos na vizinhança. Anne disse que sua amiga Sanne também gostava muito de Moortje. Embora Sanne estudasse em outra escola, elas se encontravam com frequência. Sua amiga Hannah tinha uma irmãzinha, que, segundo Anne, era "uma gracinha" e já sabia andar. Anne ficou ansiosa para receber sem demora a resposta da Suíça.

Os pais de Anne desistiram de fugir. Johannes Kleiman sugeriu que eles arrumassem um esconderijo e ficassem por lá. Uma parte da empresa de Otto — os fundos da casa — estava vazia e, para Kleiman, esse parecia ser o lugar ideal. Otto e Edith planejaram, com Hermann van Pels e sua família, se esconder lá, pois havia espaço suficiente para duas famílias. Eles imaginaram que ali os nazistas não conseguiriam encontrá-los.

Pouco a pouco, Otto Frank, Hermann van Pels e Johannes Kleiman arrumaram o terceiro e o quarto andar dos fundos da casa. Eles deviam ser cuidadosos, porque não podiam ser notados. Por isso, os móveis, mantimentos e outros pertences da família Frank foram levados para o esconderijo passando pela moradia de Kleiman. Isso aconteceu à noite e no fim de semana.

Otto perguntou aos outros funcionários de sua empresa — Victor Kugler, Miep Gies e Bep Voskuijl — se eles também gostariam de ajudá-los caso tivessem mesmo que se esconder. Isso significava: cuidar de tudo o que eles precisassem para viver. Os funcionários de Otto prometeram isso a ele, apesar de terem consciência de que a punição para quem ajudasse os judeus era extremamente severa.

Na sexta-feira, 12 de junho de 1942, Anne fez treze anos. Ela ganhou um presente que queria muito e que ela própria pôde escolher: um diário. Anne foi tratada de uma maneira muito especial nesse ano porque não conseguiu comemorar direito seus últimos aniversários. Ela recebeu doces, livros, flores, um jogo e, claro, mensagens especiais de aniversário da Suíça.

Em 16 de junho de 1941 Miep se casou com Jan Gies.

Otto e Anne, entre outros convidados, no dia do casamento de Miep e Jan Gies, 16 de julho de 1941.

"Um grupo unido"

"Depois da escola ficávamos todos os dias juntas. Eu ajudava Anne com matemática. […] Tínhamos momentos deliciosos, Anne e eu. Nós gostávamos da escola e das aulas. Os professores eram segregados pela mesma razão que nós éramos, então formávamos um grupo unido. Na escola esquecíamos momentaneamente que os alemães tinham ocupado o país. Isso porque na classe não se falava sobre a guerra, e nossos pais contavam o mínimo possível sobre o que acontecia ao nosso redor."

Jacqueline van Maarsen
Fonte: Jacqueline van Maarsen,
Je beste vriendin Anne, Querido, 2011.

Jacqueline van Maarsen, por volta de 1943.

Por que os judeus simplesmente não jogaram fora a estrela?

Na Alemanha, e na maioria dos países ocupados da Europa, os nazistas colocavam a estrela judaica na roupa dos judeus. A partir de 3 de maio de 1942, todos os judeus na Holanda com mais de seis anos também eram obrigados a usar tal estrela. Eles mesmos deviam comprá-las; no máximo, quatro por pessoa. Os judeus que eram abordados na rua e não tinham a estrela podiam receber uma pena de prisão de seis meses ou uma multa pesada de mil florins (convertendo nos valores atuais seria 6500 euros). As polícias alemã e holandesa conseguiam controlar facilmente quem era ou não judeu, porque desde maio de 1941 constava um "J" nas carteiras de identidade de todos os judeus da Holanda. Na prática, os judeus sem a estrela judaica eram detidos pelos nazistas e enviados sem perdão ao campo de Westerbork.

Anne levou amanteigados para a escola, e na aula de educação física foi ela quem escolheu o jogo. Ela optou pelo voleibol. É pena que ela mesma não tenha conseguido participar, pois seu braço se desarticulava facilmente. Depois das aulas, Anne convidou as amigas para celebrar seu aniversário em casa.

De Helmut Silberberg, Anne ganhou seis lindos cravos. Helmut — todos o chamavam de Hello — não estudava na mesma escola que Anne; eles se conheceram por meio de uma menina da vizinhança. Hello já tinha dezesseis anos e era, como Anne, da Alemanha. Anne achou-o simpático. Frequentemente eles iam juntos para Delphi e Oase, duas sorveterias da região que ainda podiam ser frequentadas por judeus porque eram empresas judaicas. Em muitos outros lugares já havia cartazes de "PROIBIDO PARA JUDEUS".

No domingo, houve a festa propriamente dita. Anne convidou a classe inteira do Liceu Judaico. As crianças judias não podiam mais ir ao cinema, então, o pai de Anne rodou em casa um filme emocionante: *O farol da ponta do mar*. Em seguida, Otto Frank mostrou um filme bem curto, do qual ele próprio estava muito orgulhoso: a propaganda da Opekta.

Depois de seu aniversário, Anne começou a escrever com muito entusiasmo em seu diário. Ela contava um pouco da sua vida, e não precisava de muitas frases para descrever todos os seus colegas de classe. Ela não se controlava. Havia colegas de quem não gostava nem um pouco.

Na escola, as conversas eram principalmente sobre os boletins. Quem passava de ano? Quem ia repetir? Alguns garotos faziam até apostas. Sexta-feira, 3 de julho, era o grande dia. Todos os alunos e professores se reuniram no Teatro Judaico. Após a música e os discursos sérios, os alunos receberam seus boletins. Anne não ficou insatisfeita. Ela tirou apenas um "insuficiente" em álgebra: de resto, duas notas 6, sete notas 7 e duas notas 8. As férias de verão já podiam começar.

Na manhã de domingo Hello foi visitar Anne. Fazia um calor agradável e eles ficaram sentados, conversando na varanda. Na hora de ir embora, Hello prometeu voltar à tarde. Mais ou menos às três horas a campainha tocou. Anne estava lendo, deitada na varanda.

Foto de escola de Anne no Liceu Judaico (Joods Lyceum), dezembro de 1941.

Foto de escola de Margot no Liceu Judaico (Joods Lyceum), dezembro de 1941.

A mãe de Anne abriu a porta e levou um susto enorme. Era um agente de polícia! Ele entregou a ela um cartão em que estava escrito que Margot deveria comparecer à polícia. Assim que o agente se retirou, Edith foi procurar Hermann van Pels, porque Otto não estava em casa. Ele estava visitando um conhecido em Frankfurt.

Margot disse a Anne que o pai delas tinha sido convocado para trabalhar para os nazistas na Alemanha. Quando Edith retornou com Hermann, a porta da frente foi trancada e ninguém mais podia abri-la.

No momento em que Anne ficou sabendo que a convocação não era para seu pai e sim para Margot, ela chorou desesperadamente. Margot precisava mesmo ir para um campo de trabalho tão horroroso? Sozinha? Ela só tinha dezesseis anos! Edith acalmou Anne: eles estavam bem preparados e iriam partir na manhã seguinte. Aí a campainha tocou de novo! Anne imaginou que fosse Hello, mas a porta permaneceu fechada. Mais tarde o telefone tocou e ela conseguiu atender, era sua amiga Jacqueline van Maarsen. Elas se falaram um pouco, mas Anne não podia contar nada sobre a convocação.

Às cinco horas o pai de Anne chegou em casa. Assim que soube da notícia, ligou para Johannes Kleiman, perguntando se poderia dar um pulo na casa dele. Enquanto isso, Hermann passou na casa de Miep e de Jan Gies para pedir ajuda. Otto e Edith ainda queriam entregar a eles a maior quantidade possível de pertences para o esconderijo. Até tarde da noite, os ajudantes entraram e saíram da casa da família Frank. Da mesma forma, Margot e Anne organizaram suas coisas. Anne colocou tudo o que pôde na sua mala da escola: primeiro o diário, depois cartas antigas, livros escolares, bobes, lencinhos, um pente etc.

Já eram onze e meia da noite quando Anne foi deitar. Onde será que ficava esse esconderijo secreto? Exausta, caiu no sono pela última vez em sua própria cama.

Na festa do 13º aniversário de Anne, Otto Frank projetou em casa o filme *Rin Tin Tin, O farol da ponta do mar* (*The Lighthouse by the Sea*). Não se podia assistir ao filme sobre as aventuras do pastor-alemão Rin Tin Tin no cinema porque isso era "proibido para judeus".

Prinsengracht, 263

Foto aérea de 1949 da região onde
a empresa de Otto Frank estava sediada,
na casa do canal Prinsengracht, 263.

"Frente / Fundos"

Esta é a fachada da empresa de Otto Frank. No lado esquerdo ficava uma fábrica de móveis e no lado direito, uma loja de chá e mantimentos.

Esta é a parte dos fundos da empresa. Da janela do sótão, Anne ficava olhando a castanheira e os pássaros no céu.

4. Vivendo como clandestinos

Na manhã seguinte, às cinco e meia, Anne foi acordada por sua mãe. Ela devia vestir a maior quantidade possível de roupas. Isso porque eles não poderiam andar na rua carregando malas; chamaria muita atenção. Anne vestiu de tudo, colocando uma roupa sobre outra: duas camisetas, duas calças, um vestido e uma saia. Ela sentia muito calor e, para piorar, o dia estava abafado e chovia lá fora.

Anne teve que abandonar Moortje; ela não poderia ir junto. Eles deixaram um bilhete para os vizinhos pedindo que cuidassem da gatinha. A mãe de Anne também deixou um papelzinho com um endereço em Maastricht. A família Frank esperava, dessa forma, que as pessoas imaginassem que eles teriam fugido para a Suíça, passando por Maastricht.

Às sete e meia Miep Gies foi buscar Margot. Margot tirou a estrela judaica amarela de seu casaco e partiu com Miep de bicicleta. Otto, Edith e Anne saíram um pouco depois. Eles ainda tinham de tudo consigo, em sacolas. Se pelo menos não fossem detidos...

Só quando já estava na rua com seu pai e com sua mãe é que Anne descobriu para onde eles estavam indo. O esconderijo ficava na empresa do pai dela! Chegaram depois de uma hora de caminhada. Miep já estava à sua espera e abriu a porta. Ensopados e suando, eles entraram no prédio.

Subiram a escada estreita em direção ao Anexo Secreto onde iriam viver na clandestinidade. Uma nervosa Margot já estava lá. Eles ficaram aliviados por não terem passado por nenhum controle pelo caminho e ficaram contentes por todos chegarem seguros.

Um pouco depois das sete e meia da segunda-feira 6 de julho de 1942, Anne e seus pais saíram a caminho do esconderijo. Anne nunca mais veria Moortje.

O Anexo Secreto ainda estava uma bagunça. Caixas com pertences, mantimentos, móveis, tudo estava em desordem. Otto e Edith planejavam se esconder ali só no dia 16 de julho, mas, por causa da convocação de Margot, precisaram adiantar tudo. Nos primeiros dias no Anexo Secreto, eles se ocuparam arrumando e organizando o espaço.

Eles não podiam ser vistos pelos vizinhos, por isso Otto e Anne fizeram cortinas imediatamente. Elas não ficaram bonitas; eles apenas costuraram alguns pedaços de tecido. Otto também colocou o toldo em ordem. Na Holanda ocupada, as janelas precisavam ser tapadas à noite para não deixar escapar luzes das casas. Os lampiões de rua também eram apagados. Desse modo, era mais difícil para os bombardeiros dos Aliados se orientarem e descobrirem a rota para as cidades alemãs.

Só depois de alguns dias Anne encontrou sossego para escrever em seu diário. Do dia para a noite sua vida tinha se transformado completamente. Uma semana antes, ela ainda ia para a escola, tinha compromissos com

Hello e com suas amigas, e esperava ansiosa pelas férias de verão. Agora estava escondida na empresa de seu pai e não podia mais sair de lá. Quanto tempo deveriam ficar naquele lugar?

A família Van Pels chegou no dia 13 de julho ao Anexo Secreto: Hermann, sua esposa Auguste e seu filho Peter. Anne já conhecia Peter. Ele também tinha ido ao seu aniversário de treze anos e levou, na ocasião, chocolate para ela. Ele não era exatamente o seu tipo — ela achava Peter chato e tímido. Peter pôde levar o gato dele: Mouschi; Anne demorou um tempo para se acostumar com Mouschi, ela tinha saudades de Moortje... Será que os vizinhos estavam cuidando bem dela?

Anne escreveu uma carta de despedida para sua amiga Jacqueline. Elas tinham prometido escrever uma para a outra se uma delas precisasse ir embora de repente. Mas o pai de Anne não deixou que ela enviasse a carta: era muito perigoso. Em seu diário, Anne fantasiou ter recebido uma resposta de Jacqueline e acabou escrevendo mais uma carta para ela.

Miep Gies subindo a escada estreita do Anexo Secreto em direção à sala de estar e cozinha. Mouschi, o gato de Peter, fica olhando.

Após a chegada de Fritz Pfeffer, Margot passou a dormir no quarto dos pais.

Anne, sempre que conseguia, lia todos os livros da sua autora preferida, Cissy van Marxveldt — eram aventuras de Joop ter Heul e de suas amigas. No seu diário, Anne passou a escrever às amigas de Joop: Marianne, Emmy, Pop, Phien, Conny, Lou, Kitty e Jet. Ela fazia de conta que eram suas próprias amigas, mas como eram muitas para se corresponder, Anne acabou escolhendo só uma: Kitty, que se tornou a amiga interlocutora a quem Anne dirigia todas as cartas que escrevia no diário.

Escrever, para Anne, era a única maneira de desabafar. Às vezes ela ficava maluca com todos aqueles adultos tratando-a como se fosse uma criança. E ela nunca podia fechar a porta com força, bater os pés ou, simplesmente, dar uma saidinha.

Anne também descrevia em seu diário o que acontecia no mundo exterior. As notícias de Amsterdam ficavam cada vez piores. Mais e mais judeus eram chamados para se apresentarem. Se não o fizessem, eram levados embora de suas casas pelos nazistas, na maioria das vezes à noite. E ainda contavam com a ajuda dos agentes da polícia holandesa.

Os clandestinos ficavam sabendo disso por meio dos ajudantes. Bep Voskuijl contou a Anne que sua colega de classe Betty Bloemendal havia sido levada. Anne ficou atordoada e preocupada: como estariam suas amigas?

Outra fonte de notícias para os clandestinos era o rádio que ficava no escritório da direção. Na primeira vez em que foram para lá ouvir o noticiário, Anne ficou apavorada. Imagine se os vizinhos escutassem algo! Ela queria voltar o mais rápido possível ao esconderijo seguro. Depois ela se acostumou ao fato de, à noite e nos fins de semana, poder ficar em outras partes do prédio da empresa. No fim, acabou gostando de se afastar um pouco daquele esconderijo sufocante.

Em setembro, Miep pediu a Otto Frank que acomodasse uma oitava pessoa no abrigo: Fritz Pfeffer. Ele era um conhecido de ambos. Os clandestinos e os ajudantes decidiram juntos que ele poderia ir. Margot foi dormir no quarto dos pais e Fritz ficou com Anne. Otto achou que essa era a melhor divisão.

A partir de 17 de novembro de 1942, Fritz foi o oitavo clandestino a morar no Anexo Secreto.

Victor Kugler contando as últimas notícias sobre o que acontecia fora do esconderijo.

No começo, Anne até achava seu novo companheiro de quarto simpático, mas com o passar do tempo começou a se irritar com ele cada vez mais. O tempo todo Fritz criticava o comportamento dela e, além do mais, contava tudo para a sua mãe. Anne se incomodava muito com ele.

Felizmente também havia momentos alegres no Anexo Secreto. Os clandestinos celebraram, pela primeira vez, a Festa de São Nicolau. Os ajudantes compraram lembrancinhas e escreveram poemas engraçados. Foi uma noite aconchegante com troca de presentes.

Otto e Edith já tinham refletido sobre como poderiam passar o tempo, então levaram livros didáticos para Margot e Anne, e Otto dava aula para elas e Peter. Além disso, os ajudantes levavam, a cada semana, novos livros da biblioteca para eles. Anne lia um livro atrás do outro. Ler tornava sua vida menos maçante.

Os ocupantes do Anexo logo compreenderam que só conseguiriam permanecer no espaço limitado se dividissem seus dias segundo um esquema rígido. E, naturalmente, deviam também seguir regras rigorosas de segurança, uma vez que todo barulho era perigoso. Embaixo, no armazém da empresa, trabalhavam pessoas que não sabiam de nada. Eles não podiam perceber que havia gente vivendo escondida em uma parte dos fundos da casa.

O tubo de descarga do banheiro do Anexo Secreto passava diretamente pelo armazém. Toda manhã havia uma perigosa meia hora em que os funcionários do armazém já poderiam estar lá trabalhando antes de os ajudantes chegarem. Nesse caso, os clandestinos precisavam redobrar o cuidado e fazer silêncio; eles não podiam usar o vaso sanitário. Uma vez que os ajudantes estivessem presentes, a privada poderia ser acionada de vez em quando. Os homens do armazém pensariam, então, que o barulho vinha da descarga do escritório.

Os clandestinos andavam o dia inteiro de pantufas e, durante o dia, só podiam conversar bem baixinho. Quando era a hora do almoço dos funcionários do armazém, eles ficavam felizes, porque todos os empregados iam para casa para comer. Os ajudantes subiam ao esconderijo com frequência para almoçar junto com eles e conversar. Era o momento mais gostoso do dia.

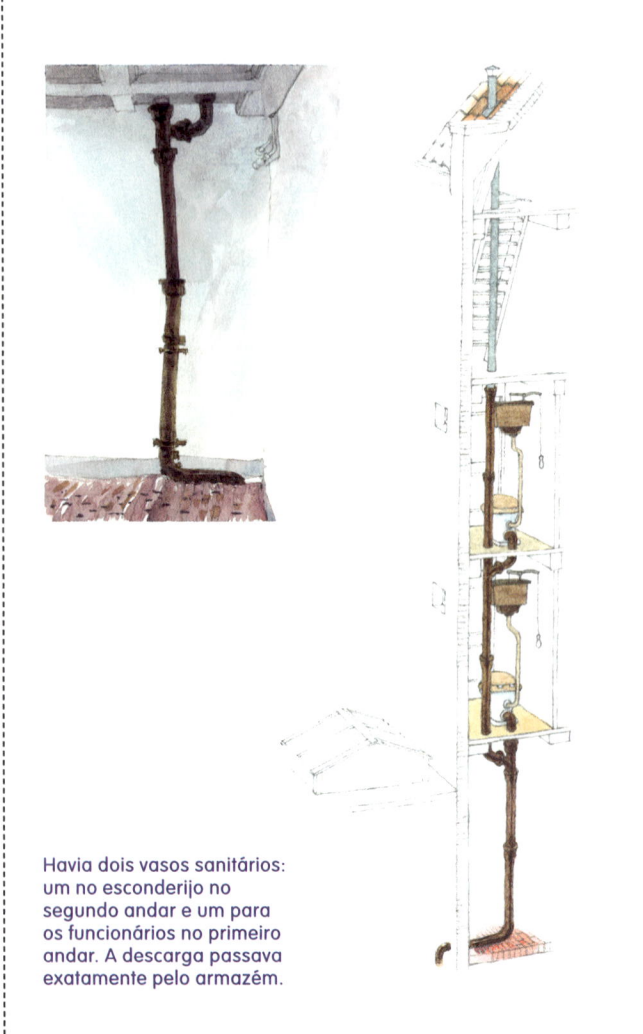

Havia dois vasos sanitários: um no esconderijo no segundo andar e um para os funcionários no primeiro andar. A descarga passava exatamente pelo armazém.

À noite, os clandestinos usavam alternadamente o espaço com a pia e o banheiro. Anne podia usá-lo das 21 às 21h30min.

Os ajudantes cuidavam de tudo de que os clandestinos necessitavam. Como eram oito pessoas, eles precisavam de muita comida. A sorte era que havia comerciantes na redondeza que eram confiáveis, como o padeiro, o açougueiro e o quitandeiro.

O inverno sombrio passou aos poucos e, enfim, chegou a primavera. No dia 12 de junho de 1943, Anne celebrou seu 14º aniversário. Foi a sua primeira comemoração no Anexo Secreto. Já fazia, então, quase um ano que ela não saía de lá. Anne ganhou muitos doces e um livro grande de mitologia grega e romana. Seu pai também fez um lindo poema para a aniversariante.

Na verdade, o que Anne fazia com mais prazer era escrever. Seu diário era o mais importante, mas ela também escrevia contos e transcrevia fragmentos de textos de livros que achava interessantes. Os contos tratavam do seu tempo na escola, ou de acontecimentos no Anexo Secreto, ou eram contos de fadas que ela mesma inventava. Anne ainda se dedicava a um romance, *A vida de Cady*, no qual contava a história de vida do seu pai. Mas depois de escrever alguns capítulos,

acabou desistindo, porque se deu conta de que a experiência de vida que tinha ainda era limitada para conseguir escrever um livro desses.

A paixão de Anne pela escrita foi motivo de uma briga turbulenta com Fritz. A menina era ávida por sentar à mesinha de seu quarto, mas ele queria fazer o mesmo. Fritz estava aprendendo espanhol porque pretendia emigrar para o Chile depois da guerra. Anne pedia educadamente para dividir o tempo de uma maneira mais justa, mas ele não deixava. Assim que Anne pediu mais uma vez em vão, acabou buscando a ajuda de seu pai. Ele conversou com Fritz, que finalmente cedeu: Anne podia se sentar à mesinha duas tardes por semana.

A vida de Anne não estava fácil no Anexo Secreto. Ela sentia muita falta da vovó Holländer e se perguntava como estava Hannah. Talvez Hannah e suas outras amigas tivessem sido levadas para um campo de concentração... Anne não podia socorrê-las, apenas rezar por elas. Sua fé em Deus a consolava e lhe dava forças.

Não era fácil para Anne e Fritz Pfeffer compartilharem o pequeno quarto.

Anne espiava, de vez em quando, através das cortinas do escritório na frente da casa, para ver o que acontecia lá fora.

Nas cartas que escrevia no diário, Anne se dirigia a Kitty, mas ela gostaria muito de poder conversar com alguém de verdade pelo menos uma vez para contar sobre as coisas que a mantinham ocupada. Será que esse alguém podia ser Peter? Ela ia à noite no quarto dele. E não levou muito tempo para que eles falassem sobre tudo: sobre seus pais, seus sonhos e, também, sobre o amor. Anne não esperava que fosse se dar tão bem com aquele menino desinteressante.

Peter e Anne se apaixonaram. Certa noite se sentaram bem perto um do outro no quarto de Peter e se beijaram pela primeira vez. Foi o primeiro beijo de verdade de Anne! Nas semanas seguintes os dois passaram a ficar no sótão porque lá se sentiam mais à vontade. Segundo Anne, não havia nada mais lindo do que se deitar nos braços de Peter, mas às vezes ela ficava em dúvida. Será que não foi rápido demais? E o que seus pais achariam do namoro?

Ela contou ao pai sobre os encontros com Peter, mas não disse que sentiam um carinho especial um pelo outro. No começo Otto achou tudo bem, mas depois mudou de ideia. A situação no Anexo Secreto era muito diferente do mundo normal, onde Anne poderia se comprometer e sair também com outros garotos e garotas. Por isso ele achava que sua filha devia passar menos tempo com Peter. Imagine só se acabassem brigando! Já estava difícil o suficiente por ali.

Mas Anne não ligou muito e continuou visitando Peter. Otto pediu que Anne se explicasse, o que a deixou muito brava. Anne escreveu uma longa carta lhe dizendo que ele não podia mais tratá-la como uma criança. Ela achava que tinha virado adulta mais depressa do que outras meninas, e isso era um mérito dela mesma. Ela não teve o apoio dos pais. Para Anne era simples: se o pai confiava nela não devia proibi-la de visitar Peter.

Otto ficou magoado com a carta e teve uma longa conversa com a filha. Por que ela tinha escrito aquilo? Edith e ele sempre a apoiaram e sempre quiseram o melhor para ela. De onde tirou a ideia de que tinha conseguido tudo sozinha? Anne percebeu que exagerou e ficou profundamente envergonhada.

A partir da janela do sótão, Anne contemplava a grande castanheira, o céu e os passarinhos.

A escada para o sótão ficava no quarto de Peter e, por isso, Anne deu a esse espaço o nome de "quartinho de passagem". Secretamente, ela bem que sentia ciúmes do Peter, pela privacidade que ele tinha alí.

Na primavera de 1944, os clandestinos ouviram na rádio Oranje — a emissora de rádio holandesa da Inglaterra — que, depois da guerra, diários, cartas e outros documentos seriam coletados. Assim, as experiências das pessoas durante o conflito ficariam guardadas. Os clandestinos pensaram imediatamente no diário de Anne, e a notícia fez a menina ter uma ideia. Depois de pesar, por muito tempo, todos os prós e contras, ela resolveu, em maio, que iria escrever um livro de verdade sobre os seus dias no esconderijo nos fundos da casa.

Como fonte para o livro, ela usou os textos que escreveu no diário. Então, fez uma nova e extensa versão dos escritos. Alguns trechos ela deixou de lado, por considerá-los íntimos demais ou por não achá-los bons o suficiente. Ela também acrescentou novos textos. Um título ela já tinha: *O Anexo Secreto* (*Het Achterhuis*). O grande sonho de Anne era ser jornalista e uma escritora famosa quando a guerra acabasse.

Nesse meio-tempo, sua paixão por Peter esfriou um pouco, e Anne se afastou dele. Peter acabou não sendo o namorado que ela tanto queria, já que esperava falar com ele sobre seus pensamentos e sentimentos mais profundos, e isso não pareceu

ser possível. Aliás, Anne também achava uma pena que seu pai contasse tão pouco sobre si mesmo. Por isso, da mesma forma, ela não sentia muita vontade de compartilhar tanto de si com ele.

Em 6 de junho de 1944 aconteceu um episódio fantástico! Milhares de militares aliados, partindo da Inglaterra em navios, atravessaram o Canal da Mancha e desembarcaram no litoral francês. Eles pretendiam derrotar a Alemanha nazista e libertar todos os países ocupados. A Alemanha nazista estava encurralada: a região leste do país tinha sido atacada pelos russos; a oeste, pelos americanos, ingleses, canadenses e outros aliados. Margot disse a Anne que talvez ela pudesse voltar a frequentar normalmente a escola em outubro. Imagine só!

Em seu diário, Anne dava cada vez menos atenção aos acontecimentos do dia a dia no Anexo Secreto e às notícias sobre a guerra. Em vez disso, refletia sobre si mesma. Por que ela era tão diferente na presença de outras pessoas? Quando estava acompanhada, Anne era muito mais superficial, sendo que tinha um lado sério que ela própria achava muito mais bonito e terno. Na verdade, ela sabia muito bem como gostaria de ser, mas, na prática, não conseguia ser quem queria.

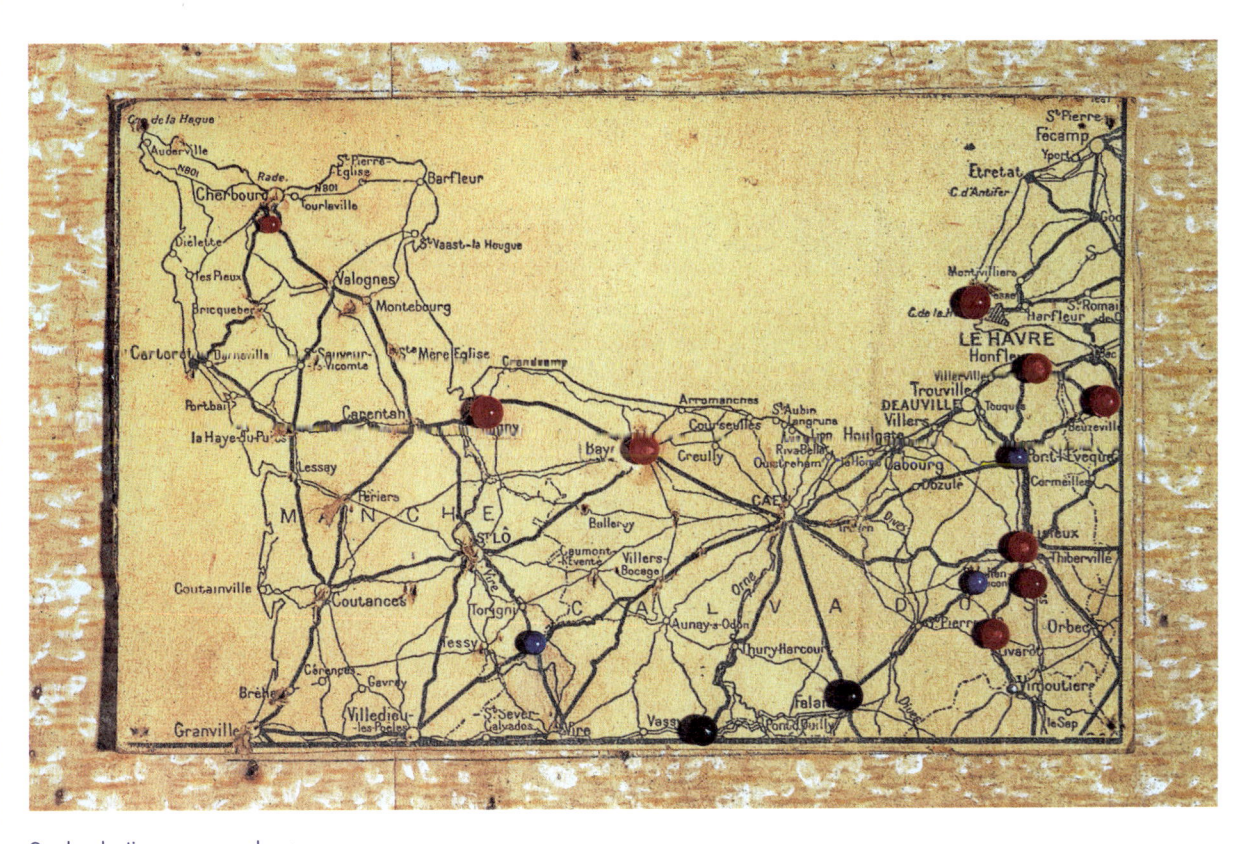

Os clandestinos acompanhavam, marcando um mapa com alfinetes, a marcha dos Aliados após o desembarque na França em 6 de junho de 1944.

O dia 4 de agosto de 1944, uma sexta-feira, parecia igual a qualquer outro. Os clandestinos acordaram, tomaram o café da manhã e trabalhavam tranquilamente, quando, de repente, ouviram passos e batidas fortes, e a estante móvel que escondia a porta para o Anexo Secreto se abriu, deslizando!

Edith e Margot viram Victor Kugler aparecer. Depois dele, três homens com revólveres engatilhados entraram no quarto de Otto, Edith e Margot. Um deles estava vestido com um uniforme da polícia alemã (SD). Edith ficou pálida, Margot começou a chorar sem fazer barulho. Anne e Fritz Pfeffer saíram de seus quartos. Eles foram descobertos!

Os outros dois homens, pelo que parecia, eram agentes holandeses à paisana. Eles subiram a escada e capturaram os outros clandestinos. *"Wo sind Ihre Wertsachen?"* [Onde estão seus bens?], perguntou o agente alemão. Otto Frank disse o lugar em que estavam os objetos de valor. O homem pegou a pasta de Otto e a sacudiu até ficar vazia. Era a bolsa em que Anne guardava os textos do seu diário. Ela viu toda a sua papelada cair no chão. O seu diário! Toda a sua obra! Mas

o agente alemão não estava nem um pouco interessado no diário de Anne e colocou as joias e o dinheiro na pasta vazia.

"Pegue suas coisas", ordenou. "Em cinco minutos, aguardo todos aqui de volta." Perturbados, os ocupantes do Anexo Secreto começaram a pegar suas malas. O agente alemão olhou ao redor e viu um baú cinza do Exército alemão com o nome e a hierarquia militar de Otto: tenente reserva. "Onde conseguiu isso?", perguntou o agente. Otto respondeu: "Fui oficial do Exército alemão...". O agente ficou surpreso pelo fato de Otto, um judeu, ter lutado no Exército alemão durante a Primeira Guerra Mundial. E ainda mais como oficial!

Os dois começaram a conversar. Otto contou ao agente, Karl Josef Silberbauer, que viviam no Anexo Secreto havia mais de dois anos. A princípio Silberbauer não acreditou. Por isso, Otto pediu a Anne que ficasse de pé na parede com as marcas que indicavam sua altura. Desse modo, Silberbauer pôde perceber claramente o quanto ela havia crescido durante o tempo que passou no Anexo Secreto.

Após a detenção, os papéis do diário de Anne ficaram no chão do esconderijo. Eles foram achados por Miep Gies e Bep Voskuijl.

Um dos agentes holandeses arranjou um carro grande. Eles não contavam com a presença de tantas pessoas escondidas, e os ajudantes Johannes Kleiman e Victor Kugler também seriam levados. Quando o carro já estava à disposição, todos desceram a escada em fila. Depois de viver 761 dias no Anexo Secreto, Anne saiu pela primeira vez. Era um dia quente de verão.

As ajudantes Miep Gies e Bep Voskuijl não foram presas. Quando os agentes invadiram a propriedade, Kleiman mandou Bep ir embora imediatamente. Ela deveria entregar a um conhecido a pasta dele com documentos. Bep conseguiu deixar o prédio sem problemas. Quanto a Miep, Kleiman disse a ela para ser persistente e permanecer dizendo que não sabia de nada sobre os escondidos.

Os escondidos e os dois ajudantes tiveram que entrar num carro da polícia. Otto ficou angustiado por Kleiman e Kugler também terem sido presos. As penas recebidas pelas pessoas que ajudavam os judeus eram muito pesadas. Kleiman tentou acalmá-lo: "Fiz uma escolha e não me arrependo dela".

Eles foram encaminhados à delegacia central da polícia alemã. Lá, os ocupantes do Anexo Secreto passaram por um interrogatório: conheciam ainda outros lugares onde havia pessoas escondidas? A resposta foi negativa. No dia seguinte, foram levados para a cadeia, onde os homens e as mulheres seriam encarcerados separadamente. Os ajudantes também foram interrogados e levados para outro presídio. Alguns dias depois, os oito clandestinos foram conduzidos, pela manhã, à Estação Central de Amsterdam. Havia um trem ali pronto para partir.

Era um trem comum, mas a porta de cada vagão ficava trancada. Anne não saía da janela. Era a primeira vez em anos que deixava Amsterdam. Campos de cereais ceifados, bosques verdes e pequenas cidades passavam voando. Após uma hora de viagem, o trem chegou ao Campo de Westerbork, em Drenthe. As pessoas que ficaram escondidas, em vez de se entregarem voluntariamente, foram classificadas como "caso para punição".

Os prisioneiros sujeitos à punição ficavam em uma parte separada do campo, com segurança extra. Eles não podiam ter contato com outros prisioneiros, nem enviar cartas para a família e os amigos ou receber pacotes.

Prisioneiros judeus, com suas bagagens, próximos ao trem no campo de triagem de Westerbork, 1943.

Fotografia de Westerbork. Em trens, foram transportados 107 mil prisioneiros judeus para os campos de concentração e extermínio no Leste. Apenas 5 mil retornaram após a guerra.

Os homens e as mulheres foram separados uns dos outros e alojados nos barracões do bloco de punição. Eles tiveram que entregar suas roupas e sapatos e ganharam tamancos e um macacão azul com ombreira vermelha para vestir. No macacão era aplicada uma estrela amarela com a palavra "judeu". Os homens ganharam um gorro.

Em Westerbork havia mais de 4 mil prisioneiros. Todos eles precisavam trabalhar. Eles eram obrigados, por exemplo, a separar peças de aviões caídos. Edith, Margot e Anne foram colocadas no grupo das "pilhas". Elas tinham que despedaçar pilhas usadas para que suas partes pudessem ser reutilizadas. Faziam isso todos os dias durante dez horas. Era um trabalho pesado, pois as pilhas continham uma barra de carvão e alcatrão. As prisioneiras ficavam pretas e imundas, e tossiam muito por causa dessas substâncias. Era um parco consolo para elas poderem conversar durante o trabalho.

À noite os homens e as mulheres podiam se reunir, e Anne via seu pai e Peter. Depois de tanto tempo no Anexo Secreto, os clandestinos tinham a oportunidade de interagir de novo com outras pessoas. Eles ouviam as

últimas notícias da guerra: em 25 de agosto, os Aliados libertaram Paris. Quando chegaria a vez da Holanda? Os prisioneiros sabiam que Westerbork era um "campo de triagem": trens cheios de prisioneiros partiam de Westerbork para o leste da Europa. Os prisioneiros classificados como casos para punição eram obrigados a ir, na maioria das vezes, na primeira locomotiva disponível.

No dia 2 de setembro de 1944, no barracão de punição, foi lida, em voz alta, uma lista com os nomes dos prisioneiros que seriam colocados no trem para o Leste no dia seguinte. A maioria dos prisioneiros do barracão de punição foi obrigada a ir, inclusive os oito clandestinos do Anexo Secreto. Mais de mil judeus — homens, mulheres e crianças — deviam se preparar para partir. Jovem, idoso, doente, sadio... não fazia diferença.

Na manhã seguinte, os prisioneiros entregaram seus gorros, macacões e tamancos, e receberam suas roupas de volta. Em longas filas, eles andavam em direção a um trem comprido que estava pronto para partir. Não era um trem de passageiros, mas um trem de carga, destinado ao transporte de gado.

Parte da lista de nomes do transporte de 3 de setembro de 1944 em que Otto, Edith, Margot e Anne Frank se encontravam. Todos os oito clandestinos do Anexo Secreto estavam no mesmo transporte para Auschwitz, na Polônia ocupada.

A placa do trem que viajava entre Westerbork e Auschwitz. Está escrito que não podem ficar vagões para trás em Auschwitz e que o trem tem que voltar inteiro para Westerbork.

Em cada vagão, havia uns setenta prisioneiros e dois barris: um com água potável e outro vazio, para ser usado como vaso sanitário. Otto, Edith, Margot e Anne ficaram juntos no mesmo vagão. A porta corrediça foi fechada e trancada por fora. Os guardas viajavam juntos em vagões separados dos passageiros.

Os prisioneiros não tinham ideia de para onde estavam sendo levados nem do tempo que duraria a jornada. A água potável acabou depressa, e o fedor do barril sanitário era insuportável. Esgotados, todos encostaram uns nos outros, pois o vagão estava cheio demais para deitar. No caminho, o trem parou e os prisioneiros foram roubados pelos guardas. Eles tiveram que entregar todo dinheiro e toda joia que possuíam.

Enquanto ainda passavam pela Holanda, oito prisioneiros de outro vagão tentaram desesperadamente escapar. Com uma broca e um serrote que levaram escondidos do local de trabalho no campo, abriram um buraco na parte traseira do vagão, perto do chão. Eles se atiraram, um por um, sobre os trilhos. Três deles se machucaram gravemente e foram parar no hospital. Sete deles acabaram

sobrevivendo à guerra graças à ajuda de pessoas da resistência. O trem seguiu viagem.

Após três dias de percurso, o trem parou de repente. Era noite. As portas se abriram deslizando. "*Aussteigen, schnell, schneller*" [Desçam, depressa, mais depressa], gritavam homens com cassetetes nas mãos, vestidos com roupas de prisão, com listras azuis e cinza. Eram os *kapos*, prisioneiros obrigados a trabalhar como guardas de campo. "Deixem a bagagem no vagão." Na plataforma havia soldados alemães com chicotes e com cachorros grandes. Os clandestinos chegaram ao Campo de Concentração de Auschwitz-Birkenau. O que aconteceu com eles ali?

Na primavera de 1944 os nazistas fizeram um filme de propaganda de um trem que partia de Westerbork. Esta é uma imagem tirada do filme. A menina se chama Settela Steinbach. Ela é de uma família Sinti. A partir de Westerbork, foram deportados 250 ciganos Sinti e Roma para Auschwitz. Da família Steinbach sobreviveu apenas o pai de Settela.

Um trem com prisioneiros pronto para partir do Campo de Westerbork.

5. A morte de Anne

Na plataforma de Auschwitz-Birkenau os homens e as mulheres foram separados. Eles foram enfileirados de cinco em cinco. Meninas e meninos de até quinze anos deveriam ficar ao lado de suas mães. Um médico nazista inspecionava todos os prisioneiros, um por um, e mandava-os para a esquerda ou para a direita.

Edith, Margot, Anne e Auguste van Pels foram encaminhadas para o mesmo lado. Elas caminharam com as outras prisioneiras para um edifício onde precisaram esperar por muito tempo. Chegando lá, entregaram tudo o que ainda tinham consigo e foram obrigadas a se despir. Também foram registradas e receberam um número de identificação tatuado no braço.

Rasparam a cabeça das mulheres e as conduziram para tomar banho de chuveiro. Finalmente podiam beber água de novo. Depois do banho, receberam aleatoriamente roupas e sapatos diferentes das vestes listradas da prisão, que estavam em falta. Uma ganhou um vestido de verão, e outra, um vestido grosso de lã, dois sapatos esquerdos, outros destruídos... tanto fazia para os guardas. Em seguida, foram obrigadas a ir para um barracão, um grande galpão com beliches.

Foi lá que as mulheres ficaram sabendo da realidade atroz. Todos os judeus — homens, mulheres e crianças — que chegaram no mesmo trem e foram mandados para o outro lado do campo morreram em câmaras de gás, que eram compartimentos grandes, com aberturas no teto que podiam ser lacradas. Os nazistas projetaram esses locais de tal forma que se pareciam com salas de banho.

Prisioneiros buscando objetos de valor entre a bagagem dos judeus húngaros. Um soldado alemão os vigia. Auschwitz, maio ou junho de 1944.

Mães e crianças judias a caminho da câmara de gás. Auschwitz, maio ou junho de 1944.

Por essas aberturas no teto, os guardas jogavam pesticidas em grãos (Zyklon B). Assim que os grãos entravam em contato com o ar, se transformavam em um gás fatal. Poucos instantes depois, as pessoas que estavam no compartimento morriam. Os corpos eram queimados em grandes fornos, os crematórios.

Os novos prisioneiros ficaram numa ala separada de Auschwitz-Birkenau para aprender as regras do local. O comando do campo usava outros prisioneiros para controlá-los. Esses *kapos* eram severos e lhes batiam com cassetetes. Todos os dias os novos prisioneiros precisavam carregar tapetes de grama natural e pedras pesadas. E ainda tinham que permanecer horas em pé para a chamada: eles deviam se apresentar em filas para a contagem. A comida no campo era ruim: sopa aguada, um pedacinho de pão, que às vezes vinha acompanhado de margarina ou salsicha, e café fraco.

Por causa das más condições no campo, Anne e Margot pegaram sarna, uma doença causada por ácaros, bichinhos minúsculos que provocam coceira na pele. Havia um barracão especial para os que estavam com sarna; Margot e Anne deviam ir para lá. Edith tentava ajudá-las o quanto podia, mas pelo perigo do contágio, ela não devia entrar nesse barracão. Então, cavou um buraco por baixo da parede e, assim, conseguia de vez em quando passar secretamente um pouco de pão para as filhas.

Regularmente eram feitas "seleções", e numa delas os médicos nazistas selecionavam as mulheres que estavam doentes e as enviavam para a câmara de gás, noutra, escolhiam as mulheres que ainda estavam aptas para trabalhar na Alemanha nazista. Essas prisioneiras eram enviadas a um campo diferente. No final de outubro de 1944 houve mais uma seleção desse tipo. Edith Frank foi colocada no grupo que devia permanecer no campo de Auschwitz-Birkenau. Anne, Margot e Auguste van Pels foram transportadas.

Após uma jornada terrível de uns dois dias, elas chegaram a Bergen-Belsen, um campo de concentração no norte da Alemanha nazista sem espaço suficiente para tantos prisioneiros adicionais. Por isso, num primeiro momento, elas foram alojadas em grandes tendas.

Uma seção do Campo de Concentração de Bergen-Belsen após a libertação. As construções de madeira são os barracões.

Prisioneiros judeus depois de terem se registrado. Auschwitz, maio ou junho de 1944

Um barracão de Bergen-Belsen.

Mas alguns dias depois caiu uma tempestade imensa e todas as tendas foram destruídas e levadas pelo vento. Então precisaram se mudar para os barracões, já superlotados. Em cada um havia centenas de mulheres empilhadas umas sobre as outras.

O campo de Bergen-Belsen era composto de várias seções separadas por arame farpado. Soldados armados em atalaias vigiavam todos de perto. Na verdade, os prisioneiros não podiam se aproximar do arame farpado, mas eles faziam isso mesmo assim quando ficava escuro. Eles tinham esperança de saber se, por acaso, chegariam parentes ou amigos.

Numa seção chamada Sternlager, ficavam os judeus que os nazistas pretendiam trocar com os Aliados por prisioneiros de guerra alemães. Um desses judeus era a amiga de Anne: Hannah Goslar. Hannah descobriu que Anne também estava em Bergen-Belsen. Ela ficou confusa; afinal, Anne tinha fugido para a Suíça, não tinha?

Certa noite Hannah conseguiu falar com Anne. Chorando, cada uma de um lado do arame farpado, elas não puderam se abraçar. Anne disse que seus pais haviam morrido e que ela não tinha quase nada para comer. Então, Hannah pegou um pouco de comida e roupas para levar para Anne no próximo encontro delas. Nesse dia, Hannah jogou o pacote por cima da cerca de arame farpado e logo ouviu Anne gritar. Outra pessoa pegou o pacote e saiu correndo com ele. Alguns dias depois, ela jogou de novo um pacotinho por cima do arame farpado. Felizmente, dessa vez o embrulho ficou com Anne. Elas marcaram mais alguns encontros, até o momento em que Anne e Margot precisaram se mudar para outro lugar dentro do campo.

Outra colega do Liceu Judaico, Nannie Blitz, também viu Anne em Bergen-Belsen. Anne estava muito magra, com piolhos e enrolada num cobertor. Anne contou a ela sobre o período em que ficou escondida nos fundos da empresa do pai, sobre a denúncia e sobre o fato de ter passado por Auschwitz antes de parar em Bergen-Belsen.

Anne e Nannie tinham encontros regulares, até Anne, assim como Margot, contrair tifo, uma doença bastante contagiosa, que pode ser transmitida por piolhos, e que por isso é comum em ambientes com condições sanitárias precárias. Milhares de prisioneiros no campo sofriam desse mal.

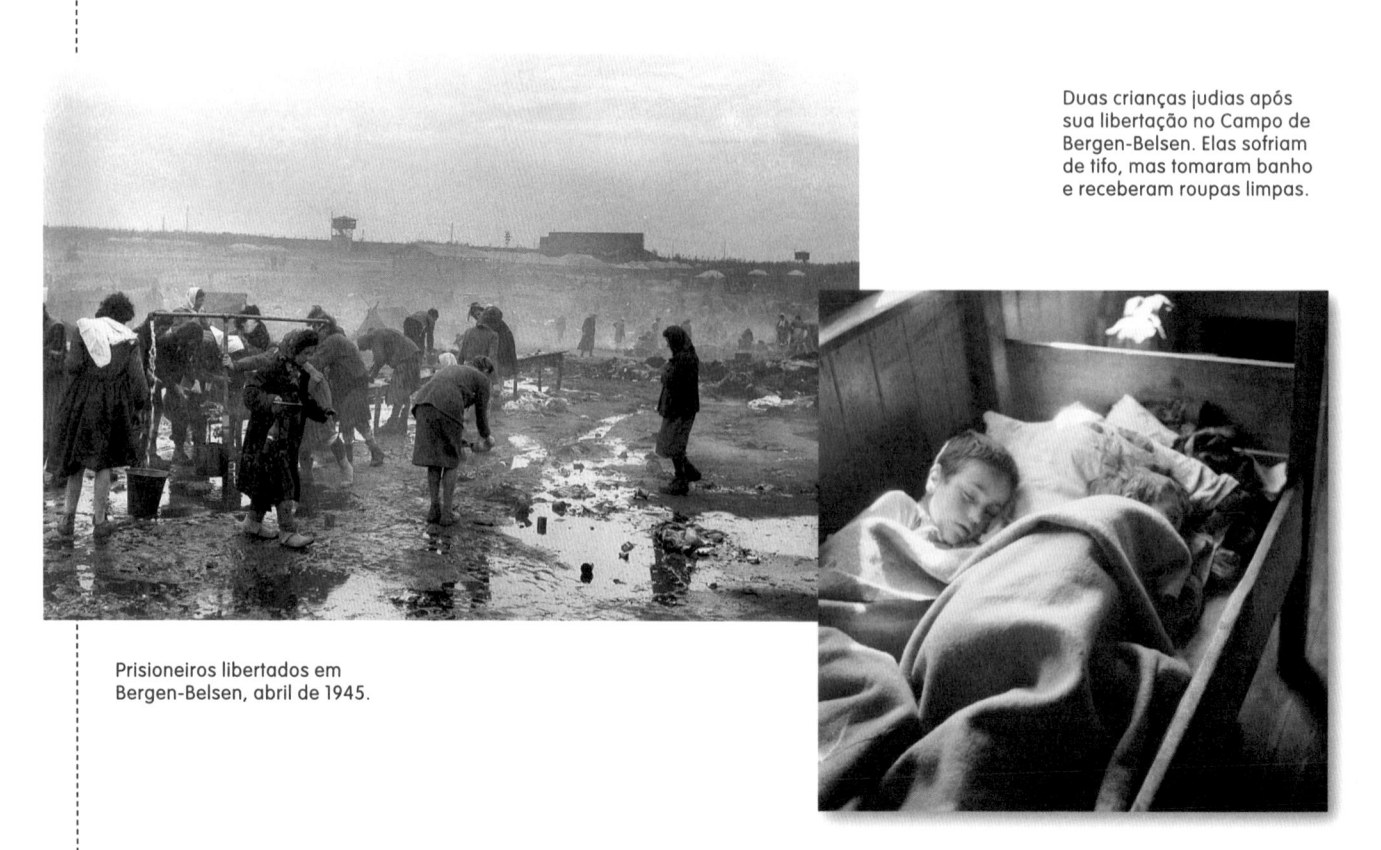

Duas crianças judias após sua libertação no Campo de Bergen-Belsen. Elas sofriam de tifo, mas tomaram banho e receberam roupas limpas.

Prisioneiros libertados em Bergen-Belsen, abril de 1945.

Eles tinham febre alta, manchas avermelhadas pelo corpo, dor de cabeça e náuseas.

Rachel van Amerongen foi uma prisioneira em Bergen-Belsen que também se lembrava de Margot e Anne. Ela contou, depois da guerra, que Anne e Margot estavam com uma aparência terrível por causa do tifo. E que sempre estavam com frio porque dormiam perto da porta do barracão que se abria o tempo todo. Margot sucumbiu primeiro, e Anne alguns dias depois. Era fevereiro de 1945.

No mesmo mês, foram selecionadas pouco mais de quinhentas prisioneiras para ir de Bergen-Belsen para Raguhn. Auguste van Pels foi uma delas. As mulheres eram obrigadas a trabalhar numa fábrica de peças de avião. Após dois meses, em abril de 1945, as tropas norte-americanas chegaram tão perto de Raguhn que o campo precisou ser evacuado pelo comando. Todas as presas foram postas, sem comida nem água, num trem rumo ao Campo de Concentração de Theresienstadt. Muitas delas morreram pelo caminho, inclusive Auguste.

E qual foi o destino dos homens do Anexo Secreto? Depois de chegarem a Auschwitz, Otto Frank, Hermann e Peter van Pels e Fritz Pfeffer foram obrigados a trabalhar numa mina de cascalho. Eles precisavam encher as carretas com pedrinhas. Durante esse trabalho pesado Hermann van Pels machucou a mão. No dia seguinte acabou ficando para trás no barracão. Quando o médico nazista passou para fazer o controle, ele foi levado. Otto e Peter viram Hermann partir com um grupo de homens selecionados. Ele morreu no começo de outubro de 1944 na câmara de gás.

Em outra seleção, Fritz Pfeffer foi transportado. Em novembro, ele foi parar no Campo de Concentração de Neuengamme, em Hamburgo. O trabalho ali era extenuante, e os presos recebiam muito pouca comida. De acordo com os registros do campo, Fritz Pfeffer morreu dia 20 de dezembro de 1944; a causa da morte listada foi "enterocolite", uma infecção gastrointestinal.

Peter van Pels passou a trabalhar no ponto de coleta de correio do Campo de Auschwitz. Alguns presos podiam receber cartas e pacotes. Uma vez ou outra havia embrulhos com alimentos, e Peter conseguia furtar alguma coisa dali. Ele compartilhava a comida extra com Otto.

O soldado inglês e prisioneiro de guerra Louis Bonerguer conversando com um soldado inglês que libertou o campo de Bergen-Belsen em abril de 1945. Em 1941, o paraquedista Bonerguer foi capturado por soldados alemães em região ocupada e mantido preso em Bergen-Belsen.

Sobreviventes de Bergen-Belsen próximos a uma pilha de sapatos, abril de 1945. Quando Bergen-Belsen ainda era um campo de concentração, os prisioneiros tinham de separar sapatos velhos para serem reutilizados.

Em janeiro de 1945, o Exército russo se aproximou de Auschwitz-Birkenau e os guardas evacuaram o campo sob as ordens do comando. Eles destruíram todos os documentos possíveis e explodiram as câmaras de gás e os crematórios. Os prisioneiros que ainda conseguiam andar tiveram que ir com os guardas. Peter van Pels foi um deles. Otto Frank estava muito fraco e internado no barracão dos enfermos havia algumas semanas. Ele tentou persuadir Peter a se esconder em algum lugar, mas Peter, por fim, decidiu ir, porque estava convencido de que conseguiria sobreviver. Otto temia que os doentes deixados para trás fossem executados a tiros, mas com o rápido avanço das tropas russas, os nazistas fugiram.

Após uma longa e assustadora jornada, Peter chegou ao Campo de Concentração de Mauthausen e foi enviado para outro campo nos arredores: Melk. Ali os prisioneiros trabalhavam na construção de uma fábrica subterrânea para peças de tanque e de avião. Eles eram obrigados a escavar passagens, transportar areia, fazer vigas para escorar os túneis e carregar e descarregar materiais de construção.

Era um trabalho perigoso e com frequência ocorriam acidentes. Os prisioneiros andavam em trapos e, às vezes, até sem sapatos. Eles mal recebiam comida; nos últimos dias, nem pão havia. No começo de abril, o Exército russo chegou tão perto que os guardas do campo de Melk acabaram evacuando. Peter voltou doente para Mauthausen e foi parar na enfermaria superlotada e sem remédios. Às vezes chegavam a dormir quatro doentes na mesma cama.

No dia 5 de maio o Campo de Mauthausen foi libertado, mas para Peter a libertação chegaria tarde demais. Ele estava tão doente e fraco que morreu alguns dias depois, no dia 10 de maio de 1945.

Para Otto Frank a libertação chegou em cima da hora. Em 27 de janeiro de 1945 os soldados russos invadiram o Campo de Concentração de Auschwitz e encontraram cerca de 7 mil prisioneiros vivos, entre eles, Otto. Após o resgate, ele relatou que era de fato um milagre ainda estar vivo.

Cartão de Peter van Pels retirado da administração do Campo de Concentração de Mauthausen. Na parte da frente estão registrados seus dados pessoais, no verso, sua profissão, *Tischler* (marceneiro), e os locais onde ficou preso.

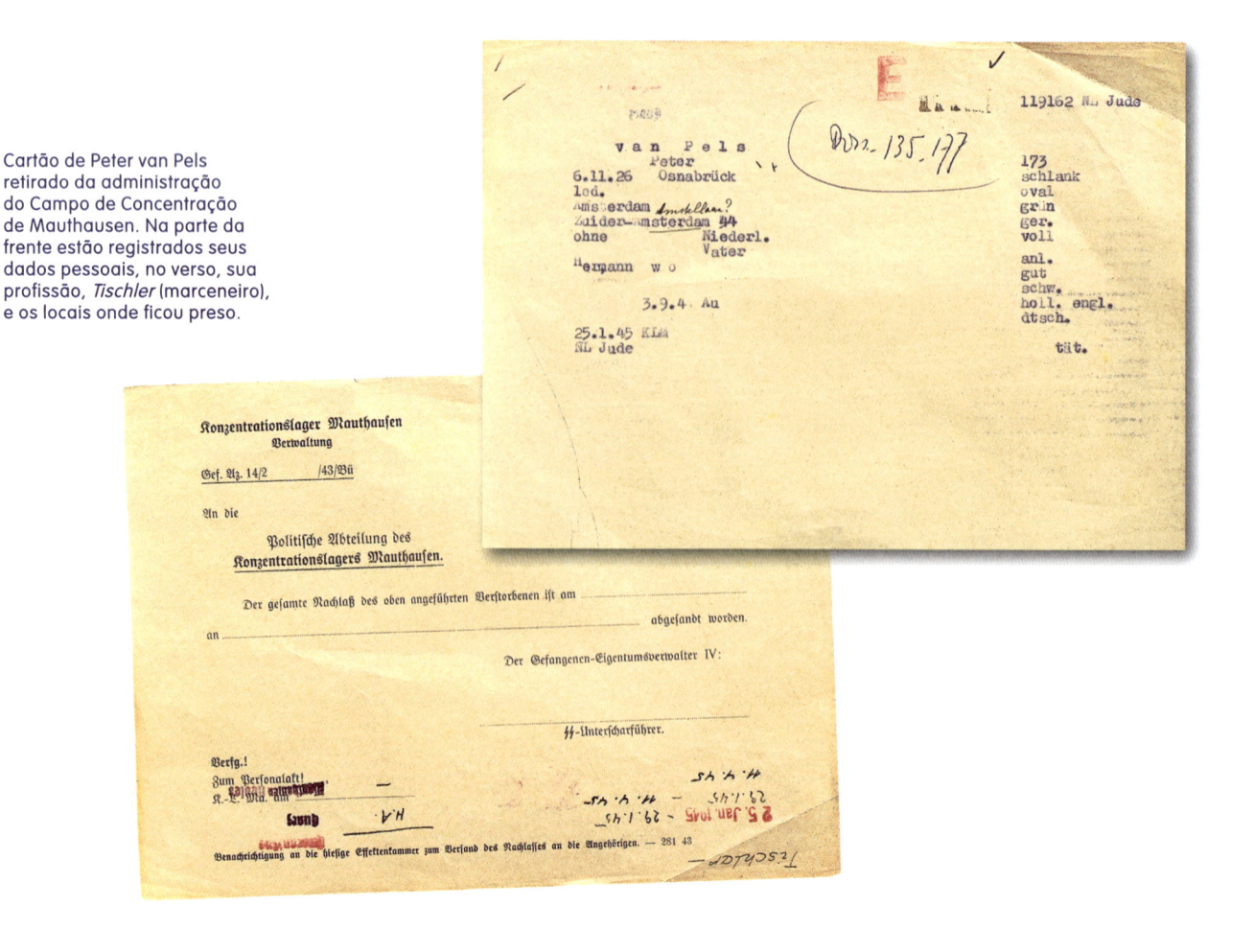

6. O retorno de Otto e o diário de Anne

Após ser libertado, Otto Frank só queria saber se Edith, Margot e Anne continuavam vivas. Onde elas estariam? Depois de chegar à plataforma de Auschwitz-Birkenau, ele não as encontrou mais. Otto foi se restabelecendo aos poucos, e quando estava suficientemente recuperado, não queria mais nada a não ser retornar para a Holanda. Mas isso ainda não seria possível porque a guerra continuava em muitos países.

Apenas em março de 1945 Otto viajaria com um grupo de um pouco mais de oitocentos sobreviventes para Odessa, na Rússia. No caminho, ele conheceu Rosa de Winter, que também havia ficado em Auschwitz. Ela acabou lhe contando que Edith havia morrido no campo e que Margot e Anne foram levadas embora, mas não sabia para onde.

Em Odessa, às margens do mar Negro, o grupo precisou esperar um mês pelo navio que ia para a Holanda. Lá eles ficaram sabendo que a Alemanha nazista tinha se rendido. A Holanda era novamente um país livre! No dia 21 de maio eles partiram no navio *Monowai* rumo a Marselha, na França. De lá, Otto seguiu viajando por terra para Amsterdam. A viagem era longa, pois havia poucos meios de transporte disponíveis, e na própria Holanda muitas pontes estavam quebradas. Mas no dia 3 de junho ele finalmente chegou a Amsterdam.

Otto foi imediatamente à casa de Jan e Miep Gies. Eles ficaram muito felizes de encontrá-lo, mas, ao mesmo tempo, tristes com a notícia da morte de Edith. Eles lhe contaram que Johannes Kleiman e Victor Kugler sobreviveram à guerra. Todos esperavam pelo retorno de Margot e Anne.

"Hitler está morto", notícia na capa da publicação americana *The Stars and Stripes*, um jornal para militares americanos, 2 de maio de 1945.

Em 27 de janeiro de 1945, soldados russos libertaram o Campo de Concentração e Extermínio de Auschwitz. Otto estava no barracão dos enfermos. Ele pesava apenas cinquenta quilos.

Em 12 de junho Otto passou o dia inteiro pensando em Anne: ela faria dezesseis anos. Será que estava viva? E Margot?

Otto ia com frequência à Estação Central de Amsterdam para perguntar às pessoas que voltavam dos campos se eles tinham visto Anne e Margot. Ele também verificava as listas da Cruz Vermelha. Sobreviventes de guerra marcavam ali uma cruz ao lado dos nomes das pessoas que morreram. Num certo dia os nomes de Anne e Margot estavam assinalados. Otto procurou pelas pessoas que fizeram as cruzes. Foram Janny e Lientje Brilleslijper, que estavam presas em Bergen-Belsen e contaram a Otto que Margot e Anne morreram de tifo.

Otto Frank ficou desolado, seu coração, despedaçado. Não só sua mulher, mas suas filhas também estavam mortas. Quando Miep descobriu que Margot e Anne não iam mais voltar, ela foi até a sua escrivaninha e pegou o que guardou numa gaveta por todo aquele tempo: as folhas do diário de Anne. Miep e Bep encontraram as folhas espalhadas pelo chão do Anexo Secreto depois que todos eles haviam sido presos.

Miep esperava, depois da guerra, conseguir devolver tudo a Anne, mas acabou entregando o pacote inteiro a Otto.

Otto não conseguiu ler os diários de imediato; sua tristeza era grande demais. Mas quando começou a ler, depois de pouco mais de um mês, quase não conseguiu parar. Ele descobriu um lado bem diferente de Anne, seu lado sério. Ela descreveu o tempo que passaram no Anexo Secreto de uma forma tão precisa e adequada, e às vezes até engraçada. Ele já tinha esquecido muito do que estava lá.

Ele datilografou uma parte dos textos para os parentes e amigos. O que deveria fazer com os textos? A própria Anne queria muito publicar um livro depois da guerra com o título *O Anexo Secreto* (*Het Achterhuis*). Otto resolveu realizar esse desejo e acabou organizando um livro a partir dos textos dela, mas era difícil encontrar uma editora interessada. Muitas pessoas na Holanda não queriam ser lembradas sobre a guerra; elas queriam olhar para a frente e esquecer da desgraça o mais rápido possível.

Otto e Fritzi Frank no dia do casamento dos dois, 10 de novembro de 1953. Da esq. para a dir.: Jan Gies, Johannes Kleiman, Fritzi Frank, Otto Frank, Johanna Kleiman e Miep Gies.

Otto (no centro) alguns meses após seu retorno de Auschwitz, com os ajudantes que trabalhavam no escritório. Da esq. para a dir.: Miep Gies, Johannes Kleiman, Victor Kugler e Bep Voskuijl, 1945.

O manuscrito acabou passando pelas mãos de Jan e Annie Romein, dois historiadores renomados, através de um amigo de Otto. Jan Romein leu o diário de uma só vez e ficou profundamente impressionado, então escreveu um artigo elogioso que foi publicado na primeira página do jornal holandês *Het Parool*. "Quando terminei a leitura, era noite e fiquei admirado que a luz ainda estivesse acesa, que ainda conseguíamos pão e chá, que eu não ouvia mais o ronco dos aviões e que não havia botas de soldados soando na rua. A leitura me absorveu tanto, levando-me de volta ao mundo irreal, que agora já há quase um ano fica atrás de nós."

Um pouco depois, a editora Contact procurou Otto Frank. Eles gostariam de publicar o diário de Anne. Em 1947, dois anos após a guerra, foi lançado na Holanda *Het Achterhuis* [O Anexo Secreto] com um prefácio de Annie Romein. A primeira tiragem foi de 3 mil exemplares. Depois de alguns anos, o livro foi traduzido para o alemão, o francês e o inglês.

O prefácio da publicação norte-americana foi escrito por Eleanor Roosevelt, primeira-dama dos Estados Unidos. Ela disse: "Este é um livro notável. Foi escrito por uma jovem menina — e os jovens não têm medo de contar a verdade — e é uma das análises mais sábias e comoventes que já li até hoje a respeito da guerra e a respeito dos efeitos dela sobre as pessoas". Quando, nos Estados Unidos, foram feitos, primeiro uma peça de teatro e depois um filme sobre *Het Achterhuis*, o diário passou a ser conhecido no mundo inteiro. E, nos países de língua portuguesa, foi chamado de *O diário de Anne Frank*.

Otto Frank acabou não querendo mais morar em Amsterdam porque lá ele ficava, repetidamente, frente a frente com o Anexo Secreto, onde construiu tantas lembranças. "Não posso mais suportar essa vista", disse numa entrevista. Em 1952, ele se mudou para Basileia, na Suíça, onde a mãe e a irmã Leni ainda moravam com a família. Um ano mais tarde ele se casou com Fritzi Geiringer, que, com sua filha Eva, também sobreviveu a Auschwitz.

O pai de Anne acabou dedicando o resto de sua vida ao diário da filha. Cada vez mais pessoas quiseram ver com os próprios

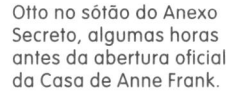

Otto no sótão do Anexo Secreto, algumas horas antes da abertura oficial da Casa de Anne Frank.

Em 1954 havia um plano para demolir o prédio do Prinsengracht, 263. Graças a uma campanha de arrecadação de fundos, a parte da frente e a de trás do prédio foram salvas da demolição. Rob Witsel e Hans Meenke (à dir.) passaram uma noite no Anexo Secreto para impedir que as pessoas destruíssem ou levassem coisas dali. Enfim, a frente e os fundos da casa foram restaurados. Em 3 de maio de 1960, a Casa de Anne Frank abriu suas portas para visitantes.

olhos o lugar onde Anne escreveu seu diário, então foi arrecadado dinheiro para a conservação do esconderijo e para sua abertura ao público. Finalmente, em 3 de maio de 1960, a Casa de Anne Frank abriu as portas. O Anexo Secreto era agora um museu. Na inauguração, Otto Frank estava presente. Sem conseguir conter as lágrimas de tanta emoção, ele disse: "Peço desculpas por não ser capaz de falar, mas a lembrança do que se passou aqui é mais do que posso suportar". Depois, agradeceu breve mas fortemente por todo o apoio recebido.

Otto e Fritzi receberam milhares de cartas de leitores do mundo inteiro comovidos com o diário de Anne. Com alguns deles os dois se corresponderam por muitos anos e viraram seus amigos. Otto acreditava que tinha recebido de Anne a tarefa de se empenhar pela reconciliação e pelos direitos humanos. Ele devia lutar contra a discriminação e contra os preconceitos. Segundo ele, todos deveriam fazer o mesmo. Pouco antes de falecer, em 1980, Otto escreveu: "São principalmente os jovens que continuam querendo saber como fomos um dia capazes de tanta atrocidade. Eu respondo da melhor maneira que posso e frequentemente termino minhas cartas assim: 'Espero que o livro de Anne continue tendo efeito em sua vida futura para que você, dentro do possível, em sua situação, se empenhe para promover a aproximação, a reconciliação e a paz'".

Conferência da Juventude na Casa de Anne Frank, 1968. Otto quis reunir jovens do mundo inteiro em Amsterdam para participarem de palestras e cursos sobre conflitos, racismo e discriminação. Por meio desses diálogos, ele esperava promover entre os jovens os valores de liberdade, democracia e igualdade de direitos.

Otto e Fritzi Frank com Eva e seus filhos na Basileia, 1967.

Posfácio
As amigas de Anne

No início deste livro há uma fotografia do aniversário de dez anos de Anne Frank: nove meninas lado a lado na Amsterdam de 1939. O que aconteceu com essas amigas de Anne?

Juultje Ketellapper era judia e foi presa em 20 de junho de 1943, junto com seus pais e sua irmã mais nova. Ela foi levada ao campo de triagem de Westerbork. No dia 6 de julho, a família Ketellapper foi deportada para Sobibor. Nesse campo de extermínio, todos os presos eram mortos em câmaras de gás logo após a sua chegada. Mais de 34 mil judeus — homens, mulheres e crianças — da Holanda foram assassinados nesse campo. Juultje também morreu lá, no dia 9 de julho de 1943, assim como seus pais e sua irmã. Ela tinha acabado de completar quinze anos.

Sanne Ledermann também era judia e, como Juultje, foi presa com seus pais em 20 de junho de 1943 em Amsterdam. Eles também acabaram indo para o campo de triagem de Westerbork. Sanne fez quinze anos lá. Em 16 de novembro de 1943 foram encaminhados para Auschwitz-Birkenau. Chegando lá, Sanne foi morta junto com os pais nas câmaras de gás no dia 19 de novembro de 1943.

Os pais de Kitty Egyedi também eram judeus, originalmente da Hungria. Kitty acabou indo com seus pais, da mesma forma, para Westerbork. Ela ficou lá no mesmo período que Anne, mas não se encontraram. Em 4 de setembro de 1944 ela foi posta, junto com seus pais, no trem para o Campo de Concentração de Theresienstadt. A família Egyedi sobreviveu ao campo. Após a guerra, Kitty seguiu os passos do pai e virou dentista.

Mary Bos não vivenciou a guerra na Holanda. Com seus pais e irmão, mudou-se para Nova York pouco antes da guerra. O pai dela, Arie, foi campeão holandês de bilhar; a mãe, Catherine, era americana e campeã de bilhar nos Estados Unidos. O pai de Mary era judeu; a mãe, não. Mary ficou morando nos Estados Unidos.

Martha van den Berg, Ietje Swillens e Lucie van Dijk permaneceram durante todo período da guerra em Amsterdam. Martha foi testemunha ocular dos ataques contra os habitantes judeus. Os pais de Lucie eram membros do NSB, e Lucie participou do Jeugdstorm, a organização de jovens do partido. Em 1942, Lucie e seu pai deixaram de ser membros. Todas as três jovens sobreviveram ao Inverno da Fome, assim chamado o inverno de 1944-45, quando mais de 20 mil pessoas morreram por falta de alimento na Holanda ocupada. Após a guerra, Lucie foi trabalhar numa tipografia, Martha estudou física e virou professora, e Ietje Swillens passou a dar aulas no ensino técnico.

Hannah Goslar sobreviveu ao Campo de Concentração de Bergen-Belsen. Ela pesava apenas 35 quilos quando voltou para a Holanda em julho de 1945. Ela então se mudou para Israel e se tornou enfermeira. Hannah contou muitas vezes em escolas a história de sua amiga Anne Frank e do encontro que tiveram em Bergen-Belsen. Ela achava uma coincidência cruel que ela tivesse sobrevivido e Anne não.

Título original
ALLES OVER ANNE

Preparação
ADRIANE PISCITELLI

Revisão:
ISABEL CURY, JANE PESSOA E THAÍS TOTINO RICHTER

Composição e tratamento de imagem
M GALLEGO • STUDIO DE ARTES GRÁFICAS

Dados Internacionais de Catalogação na Publicação (CIP)
(Câmara Brasileira do Livro, SP, Brasil)

Metselaar, Menno
Tudo sobre Anne / Menno Metselaar e Piet van Ledden ; ilustrações Huck Scarry ; tradução Yaemi Natumi e Karolien van Eck. — 1ª ed. — São Paulo : Companhia das Letrinhas, 2019.

Título original: Alles over Anne
ISBN 978-85-7406-879-4

1. 1. Crianças judias no Holocausto – Holanda – Amsterdam – Biografia – Literatura infantojuvenil 2. Frank, Anne, 1929-1945 – Obras ilustradas – Literatura infantojuvenil 3. Holocausto judeu (1939-1945) – Holanda – Amsterdam – Biografia – Literatura infantojuvenil 4. Judeus – Holanda – Amsterdam – Biografia – Literatura infantojuvenil I. Ledden, Piet van. II. Scarry, Huck. III. Título.

| 19-27195 | CDD-028.5 |

Índices para catálogo sistemático:
1. Crianças judias : Holocausto judeu : Biografia : Literatura infantil 028.5
2. Crianças judias : Holocausto judeu : Biografia : Literatura infantojuvenil 028.5

Iolanda Rodrigues Biode – Bibliotecária – CRB-8/10014

2019

Todos os direitos desta edição reservados à
EDITORA SCHWARCZ S.A.
Rua Bandeira Paulista, 702, cj. 32
04532-002 — São Paulo — SP — Brasil
☎ (11) 3707-3500
🖵 www.companhiadasletrinhas.com.br
🖵 www.blogdaletrinhas.com.br
🅕 /companhiadasletrinhas
🅞 companhiadasletrinhas

Esta obra foi composta em ITC American Typewriter e impressa pela Geográfica em ofsete sobre papel Alta Alvura da Suzano S.A. para a Editora Schwarcz em agosto de 2019